再生可能エネルギー開発
～最新事情と海外展開～

土木学会
エネルギー委員会
環境技術小委員会

はしがき

　クリーンで純国産、枯渇することのない「再生可能エネルギー」は未来社会へのキーワードとして最も注目されています。急速に拡大している太陽光発電、陸上から洋上へと広がりつつある風力発電、従来から安定電源の一翼を担ってきた水力発電、地熱発電、リサイクル社会を目指したバイオマス発電、廃棄物発電。これら再生可能エネルギーはオイルショックを経験し、地球温暖化が現実のものとなった世界の国々にとって、中でも度重なる大地震に見舞われた日本を強靭な国にしていく上で重要なエネルギーです。

　そして、地球温暖化を防止するために二酸化炭素の排出を抑制する努力をすべての国に求めたパリ協定が発効した今、日本が自らの排出抑制とともに、排出量が大幅に増加しつつあるアジア地域を中心とした途上国の再生可能エネルギー開発に協力していくことが期待されています。

　エネルギーに限らず社会にとって不可欠なインフラ整備の多くを土木技術者が担っていますし、インフラ整備のよりどころとなる国土計画、都市計画の策定にも土木技術者が大きな役割を果たしています。

　そこで、本書では再生可能エネルギー開発の現状と課題、関係する支援制度・許認可手続き・環境アセスメント、再生可能エネルギー開発への土木技術者の貢献、ならびに途上国のエネルギー事情と再生可能エネルギー開発についてまとめました。最後に再生可能エネルギーの普及に向けて国土強靭化に組み込んで進めるべき点などを提言しました。

　本書が各種再生可能エネルギー開発の現状、課題および今後の方向性を理解するのに活用され、国内外の再生可能エネルギー開発へ取り組む一助となれば幸いです。

2017 年 11 月

土木学会　エネルギー委員会

環境技術小委員会

委員長　清水隆夫

環境技術小委員会
委員構成

(敬称略・50 音順)
(2017 年 9 月現在)

委員長　　清水隆夫　　元（一財）電力中央研究所　赤城試験センター　所長
委　員　　岩田数典　　中国電力（株）流通事業本部　水力土木運営グループ　担当課長
　〃　　　上島顕司　　国土交通省 国土技術政策総合研究所 沿岸海洋・防災研究部　沿岸域システム研究室長
　〃　　　宇高幸生　　四国電力（株）土木建築部　土木技術グループ　副リーダー
　〃　　　江藤祐昭　　経済産業省　商務情報政策局　産業保安グループ　電力安全課　課長補佐（水力担当）
　〃　　　奥田康三　　中部電力（株）技術開発本部　電力技術研究所　土木技術グループ　構築チームリーダー
　〃　　　小山 俊　　北海道電力（株）　土木部 土木エンジニアリンググループリーダー
　〃　　　土居裕幸　　関西電力（株）土木建築室　計画グループ　マネジャー
　〃　　　内藤英徳　　東北電力（株）　火力原子力本部　土木建築部 土木建築業務課長
　〃　　　仲敷憲和　　（一財）電力中央研究所 環境科学研究所　研究参事
　〃　　　中村孝之　　北陸電力（株）　土木部 開発計画チーム　統括（課長）
　〃　　　春口雅寛　　九州電力（株）テクニカルソリューション統括本部　総合研究所 土木グループ長
委員兼幹事　太田誠二　電源開発（株）技術開発部 茅ヶ崎研究所　調査役
　〃　　　滝野晶平　　東京電力ホールディングス（株）　経営技術戦略研究所 技術開発部
　　　　　　　　　　　　　　　　　　　　　　　　　　　　　　　　　次世代電力インフラエリア

旧委員（所属等は当時）

淺井 正　国土交通省 国土技術政策総合研究所 沿岸海洋・防災研究部 沿岸防災研究室長
井桜政泰　四国電力（株）土木建築部 土木技術グループ　副リーダー
川口雅樹　関西電力（株）土木建築室　計画グループ　マネジャー
川嶋直人　中部電力（株）技術開発本部　電力技術研究所 土木技術グループ構築チーム　研究副主査
工藤正彦　北海道電力（株）　土木部 電源開発グループ　リーダー
櫻井友彰　中部電力（株）技術開発本部　電力技術研究所 土木技術グループ　構築チーム　リーダー
髙橋 均　東北電力（株）　土木建築部 土木建築業務課長
田林聖志　北陸電力（株）　土木部 副部長（開発計画担当）
藤田久之　北陸電力（株）　土木部土木業務運営チーム兼開発計画チーム 統括副部長
松尾和宏　経済産業省　商務情報政策局　商務流通保安グループ　電力安全課　課長補佐（水力発電設備担当）
松尾憲親　九州電力（株）　技術本部 総合研究所 土木グループ長
松崎貴子　経済産業省　商務情報政策局　商務流通保安グループ 電力安全課（新エネルギー・水力発電設備担当）
松野 隆　九州電力（株）　技術本部 総合研究所 土木グループ長

協力執筆者と担当個所

小川忠之　独立行政法人国際協力機構　ケニア事務所次長　5.12
海江田秀志　（一財）電力中央研究所　地球工学研究所　地圏科学領域　首席研究員　2.8.2
久下勝也　独立行政法人国際協力機構　産業開発・公共政策部　主任調査役　5.13
橋本信雄　独立行政法人国際協力機構　産業開発・公共政策部　国際協力専門員　5.9　5.10

目次

第1章 再生可能エネルギー開発の意義と必要性 1

  1．1 再生可能エネルギーと地球環境問題 1

  1．2 地球温暖化対策と我が国のエネルギー事情 3

  1．3 再生可能エネルギー導入促進の取り組み 5

  1．4 再生可能エネルギーの開発に期待するところ 7

第2章 再生可能エネルギー開発の現状と課題 13

  2．1 エネルギー供給に占める再生可能エネルギーの位置付け 13

  2．2 風力発電 14

  2．3 太陽光発電 19

  2．4 地熱発電 25

  2．5 水力発電 29

  2．6 バイオマス発電 36

  2．7 廃棄物発電 41

  2．8 研究開発途上の海洋エネルギー発電、高温岩体発電 49

第3章 再生可能エネルギー開発に係る制度 60

  3．1 エネルギー関連の支援制度、FIT 制度 60

  3．2 再生可能エネルギー開発の許認可手続き 69

  3．3 再生可能エネルギー利用発電所の環境アセスメント 82

第4章 再生可能エネルギー開発への土木技術者の貢献 93

  4．1 再生可能エネルギー発電事業の計画における土木技術の貢献 . 93

  4．2 各種プラントの建設における土木技術の貢献 94

  4．3 CDM・JCM における土木技術の貢献 97

第5章 途上国のエネルギー事情と再生可能エネルギー開発 99

  5．1 中国 102

  5．2 インド 104

  5．3 インドネシア 107

  5．4 マレーシア 110

5．5　バングラデシュ 113

5．6　フィリピン 115

5．7　ベトナム 119

5．8　タイ 122

5．9　ラオス 124

5．10　カンボジア 129

5．11　ミャンマー 132

5．12　大洋州地域 137

5．13　アフリカにおける地熱開発 144

5．14　世界銀行などの環境社会配慮政策 149

第6章 再生可能エネルギーの普及に向けた提言 160

コラム1：ゼロエミッション 12

コラム2：風力発電と太陽光発電の変動性 23

コラム3：太陽光発電が大量接続された電力系統の安定化対策 24

コラム4：地熱発電と水力発電の地域共生 35

コラム5：バイオマス発電と廃棄物発電の温室効果ガス削減効果 48

コラム6：福島再生可能エネルギー研究所 58

コラム7：蓄電池と水素エネルギー貯蔵 59

コラム8：国民総幸福量・持続可能な開発目標
　　　　　　　　・米政権パリ協定脱退表明の背景 101

第1章 再生可能エネルギー開発の意義と必要性

1．1 再生可能エネルギーと地球環境問題

　再生可能エネルギーとは、有限で枯渇性の石油などの化石燃料や原子力とは異なり、自然現象において資源が再生可能なエネルギーです。人類が原始の時代から利用してきた薪などのバイオマスは適切に資源を管理すれば今後も持続的に利用することができます。風力発電、太陽光発電、波力発電などには出力変動や間欠性がありますが、枯渇することはありません。水力発電と地熱発電は発電設備の規模を適切に決めることなどで安定したしかも負荷追従性のある電源になります。これら再生可能エネルギーは、ライフサイクルを通した窒素酸化物や硫黄酸化物の排出量が少なく環境負荷の小さいクリーンなエネルギーでもあります。また、バイオマス以外はライフサイクルを通した CO_2 の排出量も少なく、バイオマスエネルギー利用にしても排出した CO_2 がバイオマス資源に吸収されます。こうした長所をもつ再生可能エネルギーは、資源問題とともに環境問題が深刻化する中でその重要性が高まっています。

　とりわけ、地球温暖化は最も深刻な地球規模の環境問題です。2014 年に発表された IPCC（気候変動に関する政府間パネル）の第 5 次評価報告書総合報告書の政策決定者向け要約[1] によれば、人為的な温室効果ガスの排出によって世界平均の地上気温は、1880～2012 年の間に 0.85℃上昇しました。その結果として、グリーンランドおよび南極の氷床の質量が減少し、減少率がより大きくなっている可能性が高いとされています。氷河もほぼ世界中で縮小し続けています。このように地球の温暖化は確実に、かつ加速的に進んでいます。気温が工業化以前と比べて 1～2℃上昇すると極端な気象現象などによるリスクが高まり、現行を上回る追加的な緩和努力がないと、気温の上昇は 21 世紀末までに 4℃以上となって、多くの生物種の絶滅、食糧不安など、深刻で広範囲にわたる不可逆的な影響を世界全体にもたらす恐れがあります。また、様々なシナリオを検討した結果、2100 年までに温室効果ガスの排出量をゼロにすることによって気温上昇を 2℃未満に維持する可能性が高いことが示されました。

－1－

第1章　再生可能エネルギー開発の意義と必要性

　2015年12月のCOP21では、こうした報告を受けて国連気候変動枠組条約に加盟するすべての国によって「パリ協定」[2]が締結されました。この協定では世界的な平均気温上昇を産業革命以前に比べて 2℃より十分低く保つとともに、1.5℃に抑える努力を追求することとしています。同時に、温暖化がもたらす悪影響に対して適応能力を向上させるとしています。

　2016年11月にパリ協定は発効し、各締約国は2020年から5年毎に協定の目標達成に向けた貢献策（排出削減目標と目標達成に向けた行動計画）を提出することになりました。その貢献策は各国の能力に応じた、しかし可能な限り挑戦的なものであることが求められています。貢献策提出の 3年後には各国が取組んだ貢献の実績を点検して全体の進捗を評価します。これをグローバルストックテイクと言います。各国はその結果を踏まえてさらに前進した次の貢献策を提出しなければなりません。加えて、締約国は長期の温室効果ガス低排出発展戦略を作成、提出する努力を求められています。パリ協定の具体的な実施指針等については2016年11月のCOP22[3]において2018年までに策定することが合意されました。

　2010年までの40年間に増加した温室効果ガス排出量の約78%は化石燃料の燃焼と工業プロセスに起因する CO_2 です[1]。今や化石燃料への依存から脱却し、よりクリーンなエネルギーへと転換を図ることが人類共通の急務となっているのです。IPCCが指摘[4]しているように再生可能エネルギーは持続可能なエネルギーであり、気候変動を緩和する役割を担うものです。

参考文献　1.1 再生可能エネルギーと地球環境問題
(1) 環境省ＨＰ：気候変動に関する政府間パネル第5次評価報告書統合報告書 政策決定者向け要約、2014.
(2) 環境省ＨＰ：パリ協定の概要（仮訳）、2015.
(3) 環境省ＨＰ：国連気候変動枠組条約第22回締約国会議（COP22）、パリ協定第1回締約国会合（CMA1）及び京都議定書第12回締約国会合（CMP 12）の結果について、2016年11月21日
(4) 環境省ＨＰ：IPCC（気候変動に関する政府間パネル）再生可能エネルギー源と気候変動緩和に関する特別報告書、2011.

－2－

１．２ 地球温暖化対策と我が国のエネルギー事情

　2014 年に地球温暖化対策推進本部がまとめた「京都議定書目標達成計画の進捗状況」[1] によれば、我が国における京都議定書第一約束期間（2008〜2012 年）平均の温室効果ガス総排出量は、基準年（1990 年）比で 1.4％の増加となりましたが、森林等吸収源及び京都メカニズムクレジットを加味して 8.4％減となり、京都議定書の目標６％減を達成しました。とは言え、2012 年度の CO_2 排出量は基準年から 14％も増加しました。その内訳を見ると、産業部門が－13.4％、運輸部門が+4.1％であるのに対して、業務その他部門が+65.8％、家庭部門が+59.7％、エネルギー転換部門が+29.4％と大幅に増加しており、業務その他部門と家庭部門の省エネとエネルギー転換部門の低炭素化が重要であることが分かります。

　一方、エネルギー安全保障の面では、2014 年４月に閣議決定されたエネルギー基本計画[2] に述べられているとおり、東日本大震災で原子力発電所が停止した結果、2010 年度に 19.9％にまで回復していた原子力を含むエネルギー自給率が 2012 年には 6.0％まで落ち込み、国際的に見ても自給率の非常に低い脆弱なエネルギー供給構造となっています。原子力を代替するために石油、天然ガスの海外からの輸入が拡大することとなり、電源として化石燃料に依存する割合は震災前の６割から９割に急増しました。現在、原油の 83％、LNG の 30％を中東地域に依存しており（2013 年）、中東地域が不安定化すると、日本のエネルギー供給構造は直接かつ甚大な影響を受けると懸念されます。

　2015 年７月 16 日、経済産業省は「安全性」、「安定供給」、「経済効率性の向上」、「環境への適合」というエネルギー基本計画の方針に基づいて長期エネルギー需給見通し[3] を決定しました。技術的に可能で現実的な省エネルギー対策として考えられ得る限りのものを積み上げ、石油換算で 5,030 万 kℓ 程度の省エネルギーを実施することによって、2030 年度のエネルギー需要を３億 2,600 万 kℓ 程度と見込み、それをまかなう一次エネルギー供給を４億 8,900 万 kℓ、その構成比率を

第1章　再生可能エネルギー開発の意義と必要性

再生可能エネルギー　：13〜14%程度
原子力　　　　　　　：11〜10%程度
天然ガス　　　　　　：18%程度
石炭　　　　　　　　：25%程度
LPG　　　　　　　　：3%程度
石油　　　　　　　　：30%程度

　としています。これによって、東日本大震災後大きく低下した我が国のエネルギー自給率は 24.3%程度に改善し、エネルギー起源 CO_2 排出量は、温室効果ガス 2013 年度総排出量比 21.9%減になるとしています。

　2015 年 7 月 17 日には、これに非エネルギー起源 CO_2 の 0.4%、メタン 0.3%、一酸化二窒素 0.1%、HFC 等 4 種のガス 0.7%の各排出削減と森林・農地による吸収 2.6%を加えた「2030 年度に 2013 年度比 26.0%削減」を目標とした「日本の約束草案」[4]が国連気候変動条約事務局に提出されました。この削減目標はエネルギーミックスと整合的なものとなるよう技術的制約、コスト面の課題などを十分に考慮した裏付けのある対策・施策や技術の積み上げによる実現可能なものです。その中で列挙されている対策・施策の項目のうち、エネルギー転換部門については

　　　・再生可能エネルギーの最大限の導入促進
　　　・安全性の確認された原子力発電の活用
　　　・火力発電の高効率化（USC＊、A-USC＊、IGCC＊ 等）
の 3 点を挙げています。

＊USC は超々臨界圧発電、A-USC は先進超々臨界圧発電、IGCC は石炭ガス化複合発電

　2016 年 5 月にはパリ協定や「日本の約束草案」を踏まえ、我が国の地球温暖化対策を総合的かつ計画的に推進する「地球温暖化対策計画」[5]が閣議決定されました。計画では、2030 年度に 2013 年度比で 26%削減するとの中期目標達成に向けた対策や国の施策を明らかにするとともに、長期目標として 2050 年までに 80%の温室効果ガスの排出削減を目指すことが位置付けられました。

　長期目標については、2017 年 3 月に環境省が長期低炭素ビジョン[6]を、

－4－

同年 4 月に経済産業省が長期地球温暖化対策プラットフォーム報告書[7]を発表しています。両者ともイノベーション、国際貢献などを挙げていて全般的に一致していますが、前者が有効なあらゆる施策を総動員すべきとしてカーボンプライシング*を挙げているのに対して、後者は既にエネルギー本体価格、エネルギー諸税、FIT 賦課金などを含めた高額なカーボンプライスを負担しており追加的な措置は不要としています。

＊炭素税や排出量取引などを通じた炭素の価格付け

参考文献　1.2 地球温暖化対策と我が国のエネルギー事情
(1) 首相官邸 HP：地球温暖化対策推進本部：京都議定書目標達成計画の進捗状況、平成 26 年 7 月 1 日
(2) 経済産業省 HP：新しいエネルギー基本計画が閣議決定されました、平成 26 年 4 月 11 日
(3) 経済産業省 HP：「長期エネルギー需給見通し」を決定しました、平成 27 年 7 月 16 日
(4) 首相官邸 HP：地球温暖化対策推進本部：日本の約束草案、平成 27 年 7 月 17 日
(5) 環境省 HP：「地球温暖化対策計画」の閣議決定について、平成 28 年 5 月 13 日
(6) 環境省 HP：長期低炭素ビジョンの取りまとめについて、平成 29 年 3 月 16 日
(7) 経済産業省 HP：長期地球温暖化対策プラットフォーム報告書を取りまとめました、平成 29 年 4 月 14 日

１．３　再生可能エネルギー導入促進の取り組み

　　2012 年 7 月、「電気事業者による再生可能エネルギー電気の調達に関する特別措置法（平成 23 年法律第 108 号）」[1]いわゆる FIT 法が施行されました。電気料金に上乗せされる賦課金の単価は初年度が 0.22 円／kWh[2]に対して、2016 年度は 2.25 円／kWh[3]と急騰しました。これは調達価格が高く設定され、かつリードタイムの短い太陽光発電が急激に増えたことによるものです。これに対処するため、1kWh 当たりの調達価格は太陽光（10kW 以上）の場合、初年度の 40 円（＋消費税）[2]に対して、2016 年度は 24 円（＋消費税）[3]としました。

　　FIT 認定量の約 9 割が事業用太陽光で、買取費用が約 2.3 兆円に到達する見込みとなり、接続保留問題の発生といった状況を踏まえ、再生可能エネルギーの最大限の導入と国民負担の抑制の両立を目的として FIT 法が改

第1章　再生可能エネルギー開発の意義と必要性

正され、2017 年 4 月 1 日に施行されました。改正のポイントは以下のとおりです。[4]

- ・未稼働案件の発生を踏まえた新認定制度の創設
- ・適切な事業実施を確保するしくみの導入
- ・コスト効率的な導入
- ・地熱等のリードタイムの長い電源の導入拡大
- ・電力システム改革を活かした導入拡大

　電源間のバランスの取れた開発が二つの意味で重要です。一つ目は太陽光発電のように FIT 買取価格が高く建設リードタイムが短いものに偏らず、地熱発電のように運開後の効率が優れたものを導入できるようにすること。二つ目は次世代の太陽光パネルのような今後の技術進歩を取り込むことができるペースで導入することです。どちらも設備が一度導入されると長期にわたって CO_2 排出量の高止まりが続くロックイン効果を回避するものです。とはいえ、気温上昇が CO_2 排出量の蓄積によって決まる面があるため、温暖化対策は時間との競争であり、ロックイン効果の回避とのバランスのとれた最適な導入シナリオをとることが求められています。

　再生可能エネルギーの利用を促進するための法整備と並行して、各種の政策支援も実施され、2016 年度の再生可能エネルギー関連予算は総額 1,366 億円に達しています[5]。その内訳は以下のとおりです。
・再生可能エネルギーのポテンシャル調査・開発支援、事業化に向けた実証の推進　403 億円
・ＦＩＴの賦課金減免措置　483 億円
・再エネ研究開発　480 億円
2017 年度は「再エネの普及、水素・燃料電池の導入を支援」するとして 765 億円、「新エネを普及拡大するための研究開発を実施」するとして 563 億円の予算が組まれました[6]。

　また、多くの地方自治体では、地域の新エネルギービジョンを策定して、都市ゴミを利用した廃棄物発電や公用車へのクリーンエネルギー自動車の導入、国の補助に上乗せした補助金の供与や低利融資など資金面での支援措置を実施しています。

　民間では、グリーン電力の持つ環境付加価値に着目し、この部分を証書

－6－

化して、その利用を希望する企業・団体等と取り引きする「グリーン電力証書システム」がグリーンエネルギー認証センターによって運用されています。2017 年 10 月 1 日時点で、グリーン電力設備認定は 360 件、設備容量の合計は 33 万 2,006kW となっています[7]。

参考文献　1．3 再生可能エネルギー導入促進の取り組み
(1)　電気事業者による再生可能エネルギー電気の調達に関する特別措置法、法律第 108 号、平成 23 年 8 月 30 日.
(2)　資源エネルギー庁、News Release、2012 年 6 月 18 日「再生可能エネルギーの固定価格買取制度について調達価格及び賦課金単価を含む制度の詳細が決定しました」
(3)　資源エネルギー庁；再生可能エネルギーの固定価格買取制度ガイドブック 2016 年度版
(4)　資源エネルギー庁；固定価格買取制度（FIT）見直しのポイント、総合資源エネルギー調査会 基本政策分科会 再生可能エネルギー導入促進関連制度改革小委員会、第 9 回参考資料 1、2017 年 6 月 7 日
(5)　経済産業省；平成 28 年度 資源・エネルギー関係予算の概要、平成 28 年 3 月
(6)　経済産業省；平成 29 年度 資源・エネルギー関係予算の概要、平成 29 年 3 月
(7)　グリーンエネルギー認証センター；グリーン電力発電設備認定設備の現状（平成 29 年 10 月 1 日現在）

１．４　再生可能エネルギーの開発に期待するところ

　環境省は再生可能エネルギーの導入に向けた検討の参考資料として活用してもらうために、再生可能エネルギーの賦存量、導入ポテンシャル、ならびに導入可能量を推計し、分布図表にしてホームページで公開しています。賦存量は面積、風速、流量等から理論的に算出した値、導入ポテンシャルは賦存量のうちエネルギーの採取・利用に関する種々の制約要因（土地の傾斜、法規制、土地利用、居住地からの距離等）を考慮して絞り込んだ値です。導入可能量はモデル発電所の諸条件やプロジェクト内部収益率(PIRR)を想定して経済的に導入可能な量を FIT 買取価格などいくつかのシナリオ別に推計した値です。環境省のホームページから抜粋した全国集計データを以下の表にまとめました。

　表 1.4-1 は太陽光発電の導入ポテンシャルとシナリオ別導入可能量です。環境省は太陽光の賦存量を載せていません。日本全体を覆う太陽光発電というのは意味がないからだと思われます。導入ポテンシャルとシナリオ別導入

第 1 章　再生可能エネルギー開発の意義と必要性

可能量についても同様の考え方で山林を切り開いて作るメガソーラーは対象としていないようです。表中、学校、工場、処分場等とありますが、他に大きいものでは道路法面・鉄道、工業団地、下水処理場が含まれていて、それらを合わせると耕作放棄地と同じくらいです。それと比べて住宅の導入ポテンシャルが非常に大きくなっていますが、FIT 価格が現在すでに 1 kWh 当り 30 円を切っていますので、導入可能量は 2,500 万 kW 程度ではないかと思われます。大規模なものは FIT 価格が 20 円ぐらいになっていますので、学校などについては、40 円で 5,435 万 kW、30 円で 1,131 万 kW から類推すると導入可能量は 200 万 kW 程度ではないかと思われます。基礎工事のコストがかさむ耕作放棄地、さらに開墾のコストがかかる森林を切り開く開発はほとんど見込めないものと思われます。

表 1.4-1　太陽光発電の導入ポテンシャルとシナリオ別導入可能量

出典：環境省、再生可能エネルギーに関するゾーニング基礎情報整備報告書[1][2] から抜粋して作表

種類	導入ポテンシャル（万 kW）	シナリオ別導入可能量		
		税引前 PIRR	kWh 当りの FIT 買取価格	
			導入可能量（万 kW）	
太陽光 戸建、アパート等	21,269	＊	30 円	35 円	40 円
			2,594	7,810	13,627
太陽光 学校、工場、処分場等	7,952	4%以上	30 円	35 円	40 円
			1,131	3,228	5,435
太陽光 耕作放棄地	6,737	4%以上	30 円	35 円	40 円
			0	3,405	5,118

＊戸建住宅等 10kW 未満が 0%以上、その他は屋根貸しビジネスを想定して 4%以上
10kW 未満の戸建住宅等は FIT 買取期間が 10 年で、その後の買取価格は 10 円/kWh と想定。その他は FIT 買取期間が 20 年

　表 1.4-2 は風力発電と中小水力発電の賦存量と導入ポテンシャル、ならびにシナリオ別導入可能量です。現在、FIT 買取価格は陸上風力が 1 kWh 当り 20 円程度、洋上風力が 36 円、水力が 29 円程度ですので、導入可能量

－8－

1.4 再生可能エネルギーの開発に期待するところ

はそれぞれ 2 億 kW、1 億 kW、400 万 kW 程度が期待できます。

表 1.4-2 風力発電、中小水力発電の賦存量、
導入ポテンシャルとシナリオ別導入可能量

出典：環境省、再生可能エネルギーに関するゾーニング基礎情報整備報告書[3] から抜粋して作表

種類　賦存量	導入ポテンシャル（万 kW）	シナリオ別導入可能量		
		税引前 PIRR	kWh 当りの FIT 買取価格	
			導入可能量（万 kW）	
陸上風力発電 14 億 8,653 万 kW	28,576	8%以上	15 円	20 円	25 円
			9,727	20,707	27,523
洋上風力発電 離岸距離 30km 以内 27 億 8,503 万 kW	141,276	10%以上	32 円	36 円	40 円
			3,956	11,396	28,315
中小水力発電 既開発を除く 979 万 kW	901	7%以上	24 円	29 円	34 円
			266	371	465

FIT 買取期間は 20 年

　表 1.4-3 は地熱発電の資源量と導入ポテンシャル、ならびに導入可能量です。現在、FIT 買取価格は 1 万 5,000kW 未満が 1 kWh 当り 40 円、1 万 5,000kW 以上が 26 円ですので、蒸気フラッシュ発電の導入可能量は表のとおり国立公園等の第 2 種特別地域、第 3 種特別地域での開発が可能であれば 1,100 万 kW 程度が期待できます。バイナリー発電については温泉開発などに併設すれば 20 万 kW 程度は期待できそうです。

第1章 再生可能エネルギー開発の意義と必要性

表 1.4-3 地熱発電の資源量、導入ポテンシャルと導入可能量

出典：環境省、再生可能エネルギーに関するゾーニング基礎情報整備報告書[4] から抜粋して作表

種類と資源量	国立公園内での開発の有無 傾斜掘削の有無	導入ポテンシャル 導入可能量
蒸気フラッシュ発電 150℃以上 2,219 万 kW	国立公園なし、傾斜掘削なし	785 万 kW
		643 万 kW
	国立公園なし、傾斜掘削あり	1,267 万 kW
		1,029 万 kW
	国立公園あり、傾斜掘削なし	1,407 万 kW
		1,151 万 kW
バイナリー発電 120〜150℃ 120 万 kW	国立公園なし、傾斜掘削なし	49 万 kW
		＊17 万 kW
	国立公園あり、傾斜掘削なし	68 万 kW
		＊21 万 kW

注）1kWh 当りの FIT 買取価格は 1 万 5,000kW 未満が 40 円、1 万 5,000kW 以上が 26 円、買取期間は 15 年、税引前 PIRR は 8%以上
注）国立公園あり：国立公園・国定公園・都道府県立自然公園の各第 2 種特別地域、第 3 種特別地域での開発を可としたケース
＊温泉開発や試験掘削等、別の目的のために掘削が行われることを想定してコストに掘削費用を含めずに推計した値

　バイオマス・廃棄物発電については、資源エネルギー庁が導入見込量を以下のようにまとめていて[5]、合計で 281 万 kW になります。

　　未利用間伐材等：24 万 kW

　　建設資材廃棄物等：37 万 kw

　　一般木材・農産物残さ：80 万 kw〜

　　バイオガス（家畜排せつ物・食品残さ・下水汚泥）：16 万 kw

　　一般廃棄物・その他バイオマス：124 万 kw

　海外に目を転じますと、パリ協定[6]に以下の点が含まれたことによって、省エネ、エネルギー効率の向上とともに再生可能エネルギーの開発について途上国を支援する意義が明確になりました。

－10－

・JCM を含む市場メカニズムの活用が位置づけられたこと

　　・先進国が引き続き資金を提供することと並んで途上国も自主的に
　　　資金を提供すること

　パリ協定を受けて我が国は世界全体の排出削減への貢献策として途上
国における官民合わせて年間 1 兆 3,000 億円の気候変動対策の実施を決定
しています[7]。

参考文献　1.4 再生可能エネルギーの開発に期待するところ
(1)　環境省 地球環境局 地球温暖化対策課：平成 25 年度再生可能エネルギーに関するゾーニング
　　　基礎情報整備報告書、平成 26 年 8 月
(2)　環境省 地球環境局 地球温暖化対策課：平成 24 年度再生可能エネルギーに関するゾーニング
　　　基礎情報整備報告書、平成 25 年 8 月
(3)　環境省 地球環境局 地球温暖化対策課：平成 27 年度再生可能エネルギーに関するゾーニング
　　　基礎情報整備報告書、平成 28 年 3 月
(4)　環境省 地球環境局 地球温暖化対策課：平成 26 年度再生可能エネルギーに関するゾーニング
　　　基礎情報整備報告書、平成 27 年 7 月
(5)　資源エネルギー庁：再生可能エネルギー角電源の導入動向について、総合資源エネルギー調
　　　査会、長期エネルギー需給見通し小委員会（第 4 回会合）資料 2、平成 27 年 3 月
(6)　環境省 HP：国連気候変動枠組条約第 21 回締約国会議（COP21）及び京都議定書第 11 回締約国
　　　会合（COP/MOP11）の結果について、2015
(7)　地球温暖化対策推進本部：パリ協定を踏まえた地球温暖化対策の取組方針について、2015 年
　　　12 月 22 日

コラム1　ゼロエミッション

コラム1　ゼロエミッション

　ゼロエミッションというと電気自動車や燃料電池車などのゼロエミッション・カーや3Rの徹底によって廃棄物を出さないゼロエミッション工場が思い浮かびますが、もともとは車や工場に限らず、産業クラスター間の廃棄物相互利用による資源の完全活用、即ち循環型社会の構築を目指したコンセプトです。このコンセプトはリオデジャネイロで開催された国連地球サミットにおいて環境保全と経済発展を統一し「持続可能な発展」を実現するための具体的な行動計画を定めたアジェンダ21が採択されたことを受けて、東京に本部を置く国連大学が1994年に提唱したものです。

　その時すでに公害問題を環境技術で、オイルショックをエネルギー源の多様化と省エネ技術で克服していた日本ですが、東京をはじめとして廃棄物の最終処分場が満杯になる問題が現実となっていました。大量生産、大量消費、大量廃棄からの脱却は必然の流れでした。ビール工場で大量に出る麦芽の搾りかすが牛の飼料として再資源化され、レジ袋を断り、ゴミを減らし、容器包装を分別しリサイクルする国民運動が展開され、工場、オフィスでも環境マネジメントシステムが導入され、電気、水道、紙の使用量に削減目標を立てて取り組みました。その結果、廃棄物の量は着実に減少しています。

　ただし、日本の工場の多くが海外に移転している状況では、日本での廃棄物削減だけでゼロエミッションを達成することはできなくなっています。また、再資源化が難しい二酸化炭素の排出を削減するためには再生可能エネルギーの開発が不可欠で、その海外展開が望まれます。

第2章 再生可能エネルギー開発の現状と課題

2．1 エネルギー供給に占める再生可能エネルギーの位置付け

　総合エネルギー統計の 2015 年度（確報）[1]によると、一次エネルギー国内供給に占める水力の割合は 3.6％、自然エネルギーは 2.5％、地熱エネルギーは 0.1％、未活用エネルギーは 2.2％となっており、これらを合わせると 8.4％になります。自然エネルギーは太陽光発電、太陽熱利用、バイオマス直接利用、風力発電などで、未活用エネルギーは産業蒸気回収、産業電力回収、廃棄物発電などです。また、事業用発電電力量約 8,500 億 kWh に占める水力、再生可能・未利用エネルギーの割合はそれぞれ 9.3％、3.3％となっており、合わせると 12.6％、自家用発電電力量約 1,400 億 kWh に占める水力、再生可能・未利用エネルギーの割合はそれぞれ 3.4％、24.7％となっており、合わせると 28.1％にもなっています。

　2015 年 7 月に発表された長期エネルギー需給見通し[2]では、2030 年度の一次エネルギー供給に占める再生可能エネルギーの割合は 13〜14％と見込まれています。また、2030 年度の総発電電力量に占める再生可能エネルギーの割合は 22〜24％程度と見込まれ、その内訳は水力 8.8〜9.2％程度、太陽光 7.0％程度、風力 1.7％程度、バイオマス 3.7〜4.6％程度、地熱 1.0〜1.1％としています。そのためには、現行の発電設備容量を 2030 年には

　　　　　地熱発電　約 52 万 kW　→　140〜155 万 kW

　　　　　水力発電　4,650 万 kW　→　4,847〜4,931 万 kW

　　　　　バイオマス発電　252 万 kW　→　602〜728 万 kW

　　　　　風力発電　270 万 kW　→　1,000 万 kW

　　　　　太陽光発電　2,100 万 kW　→　6,400 万 kW

というように再生可能エネルギーの大幅な拡大が必要です[3]。特に、バイオマス発電については既に発電以外の用途に利用されているものを発電利用に転換する必要があります。

参考文献　2.1 エネルギー供給に占める再生可能エネルギーの位置付け
(1) 資源エネルギー庁 総合政策課：平成 27 年度（2015 年度）におけるエネルギー需給実績（確報）、平成 29 年 4 月

第 2 章　再生可能エネルギー開発の現状と課題

(2) 経済産業省：長期エネルギー需給見通し、平成 27 年 7 月
(3) 資源エネルギー庁：長期エネルギー需給見通し関連資料、平成 27 年 7 月

２．２　風力発電

導入実績とコスト

　新エネルギー・産業技術総合開発機構（以下、NEDO と表記）新エネルギー部の調べ[1]では、2017 年 3 月末時点で、日本の風力発電設備容量は約 336 万 kW、設置基数は 2,203 基となっています。世界の総設備容量は 4 億 8,675 万 kW で、日本はその 0.7％にあたります。設備容量 1 位は中国の 34.7％、2 位は米国の 16.9％、3 位はドイツの 10.3％です。日本に導入されている風力発電設備のうち国産機の割合は設備容量、基数とも約 30％です。

　設備の規模はコストダウンを目指して大型化してきており、2016 年度に導入された単機出力 10kW 以上かつ総出力 20kW 以上の系統連系している 120 基のうち、2,000kW 超が 40 基、1,750kW 超～2,000kW が 78 基となっています。特に、洋上風力の建設には大型のクレーン船が活用でき、福島県沖の浮体式 7,000kW、5,000kW、2,000kW、長崎県五島椛島沖の浮体式 2,000kW、千葉県銚子沖の着底式 2,400kW、山形県酒田港、茨城県鹿島港、福岡県北九州沖の着底式 2,000kW というように大型の設備で占められています。

　風力発電の発電コスト（社会的費用を除く発電原価相当）については、長期エネルギー需給見通し小委員会に対する発電コスト等の検証に関する報告（2015 年）[2]によると、陸上風力が 15.6 円/kWh（基準年 2014 年）、着床式の洋上風力が 23.2 円/kWh（基準年 2020 年）と試算されており、石炭火力・LNG 火力の 9.3～12.4 円/kWh（基準年 2014 年）と比較して割高です。また、自然変動電源の導入拡大に際しては、系統安定化対策（火力・揚水発電に関わる調整、地域間連系線の増強等）が不可欠で、その費用は 4.5～5.6 円/kWh と試算されています。

系統連系制約

　風力発電の電力系統への連系制約については、2017 年現在、系統規模が大きい東京電力、中部電力および関西電力を除く 7 社の電力会社で、接続

可能量[*]が設定されており（表 2.2-1）、年間 720 時間までは無補償で、また、720 時間超は電力会社による補償で出力制御が行われています。さらに、北海道電力および東北電力においては、接続申込量が接続可能量を超過することから、2015 年 12 月に FIT 制度に基づく指定電気事業者の指定を受け、年間 720 時間超についても無補償で出力制御が行われることを前提に接続申し込みを受入れることとなりました。これについては、風力発電事業者から事業の採算性が見通せなくなり資金調達に支障が出る等の懸念が示されています。その後、2017 年 3 月に中国電力、九州電力、同年 9 月に北陸電力が指定電気事業者に指定されました。

＊30 日等出力制御枠：FIT 制度において、電力会社が年間 30 日、720 時間の上限を超えて出力
　制御を行わなければ追加的に受入れ不可能となる接続量

表 2.2-1　2017 年度の風力発電に関する 30 日等出力制御枠（単位：kW）

出典：資源エネルギー庁、各社接続可能量（2017 年度算定値）の算定結果、2017 年 10 月[3]

北海道電力	東北電力	北陸電力	中国電力	四国電力	九州電力	沖縄電力
36 万	251 万	59 万	109 万	71 万	180 万	18.3 万

台風・雷対策

　台風でナセルが落下したりタワーが折れたりといった損傷事故や落雷事故に対応するため風力発電設備支持物構造設計指針[4]や日本型風力発電ガイドライン落雷対策編[5]が策定されました。前者にはブレードやナセルの形状、ブレードの回転といった風力発電特有の条件で風荷重と地震荷重を評価して構造計算を行う手法がまとめられています。後者には落雷を受けやすいブレードの先端やエッジ部分に金属製のレセプタ（受雷部）を設け、そこから大地へ雷電流を安全に逃がすためのダウンコンダクタ（引き下げ導体）を設置すること、ならびにレセプタ以外への雷撃に対応するためブレードを強化すること、独立避雷鉄塔を設置することなどがまとめられています。

－ 15 －

洋上風力

　陸上の適地が少なくなってきた日本では洋上風力の開発に期待がかかっており、NEDO が着床式洋上風力発電のガイドブックをまとめています[6]。さらに水深が深いところでの開発に向けて、福島沖などで浮体式洋上風力発電の実証研究が行われています。図 2.2-1 に示したように浮体を半分水面下に沈めたセミサブ型（半潜水型）二種類と浮体をほぼ完全に沈めたスパー型一種類が水深 120m の海域に係留されています。セミサブ型は正三角形に配置した 3 本の円柱形浮体の中央でタワーを支持するコンパクトセミサブ浮体と直角二等辺三角形に配置した 3 本の正四角柱浮体下部を同じ断面寸法の浮体ビームでつなぎ、直角部分でタワーを支持するＶ字型セミサブ浮体です。スパー型は港の水深から曳航できるように喫水深を浅くしたアドバンストスパー浮体です。何れも、波による動揺と風に押されての傾きをできるだけ抑えるように改良を重ねたものです。

　コンパクトセミサブ浮体　　Ｖ字型セミサブ浮体　　アドバンストスパー浮体
　　　　（2MW）　　　　　　　　（7MW）　　　　　　　　（5MW）
図 2.2-1　浮体式洋上風力の浮体構造
出典：福島洋上風力コンソーシアム、
　　　福島復興浮体式洋上ウィンドファーム実証研究事業パンフレット[7]

　世界の風車メーカーは荒天時にアクセスできずメンテナンスが難しい洋

上風力用を中心に、増速機を使用しないダイレクトドライブ風車の開発や増速機の改良を進めています[8]。日本では NEDO がさらなるコストダウンを目指してロータ直径 200m を越える 1 万 kW 超級風車の開発に取り組んでいます[9]。その中で、効率が良くブラシメンテナンスが不要なロータリーコンバータ発電システム、ロータの軽量化とハブ構造の単純化に加えてブレードをハブに取付ける作業が地上でできる 2 枚ブレード風車、ならびに 1 万 kW ダイレクトドライブ同期発電機で銅界磁機の 224t、永久磁石機の 183t に対して 126t と軽量な超電導機の開発が進められています。

野鳥との共存

　風力発電の環境問題としては騒音・低周波音や回転するブレードが太陽光を間欠的に遮るシャドーフリッカーなどがありますが、山の尾根筋に立てられることが多い陸上風力、海岸線に沿って立てられる洋上風力ともに鳥類への影響が懸念されています。風車に衝突した鳥の死骸を動物が巣に運んでしまったり、潮流に流されてしまったりするため、バードストライクの実態をつかむのはなかなか難しいのが実情です[10]。しかし、技術の進歩は目覚ましく、赤外線探知機やビデオカメラによる衝突監視や風車近くを飛行する鳥のレーダー観測が行われています[6]。また、渡り鳥の飛行経路の研究などは近年大きく進展していて、風力発電と野鳥の共存に役立てることが期待されます。太陽電池で作動するわずか 2 グラムの送信機を鳥に取付けた衛星追跡では数 km の精度で数年間、さらに GPS 受信機を内蔵した 20 グラムほどの送信機を用いた衛星追跡では数 m から 10 数 m の精度で経路を調べることができるようになりました[11]。衛星追跡技術によってツル類、サギ類、ワシ類、タカ類など大型の鳥の渡りの時期・経路が解明されています。図 2.2-2 にハチクマの渡り経路の調査結果を示しました。春の北上と秋の南下の経路が異なることが分かります。

　また、光センサーで日の出と日没を検知してその時刻を記録するわずか 0.4 グラムのジオロケータを用い、地域で異なる日の出、日没の時間と照らし合わせてツバメ類、ムクドリ類など小型の鳥の移動経路を 70km～300km の精度で推定できるようになりました[11]。GPS タグも小型の鳥の追

跡調査に使われています。ただしジオロケータと GPS タグは鳥を再捕獲しないとデータを回収できません。他にもビデオカメラの立体撮影やレーダーを用いた調査手法、バードストライクの確率評価法などが土木学会エネルギー委員会環境技術小委員会のホームページで紹介されています[12]。

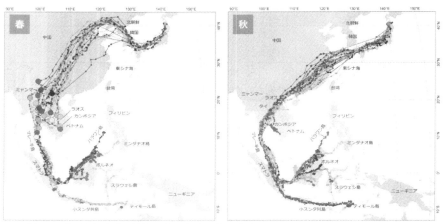

ハチクマの春（左）と秋（右）の渡り経路。衛星追跡の結果。1本の線が1個体の渡り経路。春の渡り経路中、東南アジア方面の大きな〇印の地点は、ハチクマの各個体が1週間以上滞在したところ。『日本の鳥の世界』（樋口・著／平凡社 2014）より。原典は Higuchi(2012):Journal of Ornithology 153 Supplement:3-14。

図2.2-2　ハチクマの渡り経路の衛星追跡結果

出典：野鳥誌、樋口広芳、ここまでわかった渡りの経路[11]

参考文献　2.2 風力発電
(1)　NEDO：日本における風力発電設備・導入実績、2016年8月
(2)　経済産業省：長期エネルギー需給見通し小委員会に対する発電コスト等の検証に関する報告、2015年5月
(3)　資源エネルギー庁：各社接続可能量（2017年度算定値）の算定結果、2017年10月
(4)　土木学会 構造工学委員会 風力発電設備の動的解析と構造設計小委員会：構造工学シリーズ20 風力発電設備支持物設計指針・同解説[2010版]
(5). NEDO：日本型風力発電ガイドライン落雷対策編、平成20年3月
(6)　NEDO：着床式洋上風力発電導入ガイドブック（第一版）、2015年9月
(7)　福島洋上風力コンソーシアム:福島復興浮体式洋上ウィンドファーム実証研究事業パンフレット
(8)　西沢良史（訳）：洋上風力ではダイレクトドライブが優勢に、日本風力エネルギー学会誌、Vol.35, No.4
(9)　今村博:NEDO10MW超級風車の調査研究の全体概要の紹介、日本風力エネルギー学会誌、Vol.39,

No. 4, 2015

(10) 日本野鳥の会：野鳥保護資料集 第30集「これからの風力発電と環境影響評価 〜再生可能エネルギーの導入と、生物多様性保全の両立を目指して〜」、2016年9月
(11) 樋口広芳：ここまでわかった渡りの経路、日本野鳥の会、野鳥誌、2017年6月号。
(12) 土木学会エネルギー委員会環境技術小委員会のHP：発電所環境アセスメント迅速化に資する技術開発の動向と展望、2015年3月

２．３ 太陽光発電

導入量

エネルギー白書2015によると、累積導入量は2004年度に100万kWを越え、2008年度に200万kW、2010年度に300万kW、2011年度に500万kW、2012年度に900万kWをそれぞれ超えて、FITが開始された翌年の2013年度には一気に1,700万kWを越えました[1]。FITの情報公表用ウェブサイトによると、2016年11月末時点でFIT認定太陽光発電の稼働状況は住宅が917万kW、非住宅が2,735万kWで、合計3,652万kWに達しています[2]。認定設備容量は住宅が993万kW、非住宅が7,593万kWとなっており[2]、非住宅太陽光発電の認定に対して稼働が遅れていることが分かります。

システム価格と発電コスト

エネルギー白書2007と2016によると、モジュール、PCS（パワーコンディショナー）、架台、工事費を含むシステム価格は1993年度に1kW当り370万円でしたが、わずか2年後の1995年度には半分以下になり、2005年には66万円まで下がり[3]、その後、多少値上がりしたものの、2009年から再び下がり始め、2014年には39万円になっています[4]。さらに、2016年11月の調達価格等算定委員会資料によると、非住宅用システムは28万9,000円になっていますが、モジュール・PCSが欧州の1.7倍、架台・工事費等が欧州の2.1倍となっています[5]。

発電コストは日照条件、変換効率、システム価格、耐用年数、維持費等によって決まるため大きくばらつきます。2014年のNEDO再生可能エネルギー技術白書によると、世界の発電コストが住宅用で1kWh当り18.2円〜36.5円、メガソーラー用で約15.0円〜29.9円であるのに対して、日本の発電コストは、住宅用が33.4円〜38.3円、メガソーラー用が30.1円〜45.8

円の水準にあります[6]。システム価格が高いこと、日照条件がやや悪いことなどによって、日本の発電コストは高い水準にあります。

太陽光発電大量導入社会における課題

2014 年 9 月にまとめられた NEDO の太陽光発電開発戦略[7]は、長期エネルギー需給見通しにおいて設定された目標「2030 年までに太陽光発電を5,300 万 kW 相当まで導入する」の達成に向けた課題として、国民負担の増大、長期・安定な発電能力維持の必要性、立地制約の顕在化、廃棄物大量発生への対応などを挙げています。

国民負担の増大

2014 年度の賦課金単価は 0.75 円/kWh とされましたが、ドイツでは賦課金に相当するサーチャージ費用が、2012 年末時点ですでに約 6.5 円/kWhに達しています[7]。我が国でも 2017 年度の賦課金単価が 2.64 円/kWh に達しています。電力需要家の負担を抑えつつ、持続的な普及導入を実現するためには、買取価格を引き下げても導入した者が利益を得られるような「発電コスト」を実現することが必要です。

長期・安定な発電能力維持の必要性

太陽電池は経年劣化によって徐々に出力を低下させる傾向がある一方、急激に出力低下を招く劣化現象の一つとして近年注目されているのが PID現象*です。これに対応した太陽電池モジュールの技術開発なども行われていますが、PID 現象を完全に再現するための試験方法は確立されておらず、開発技術の実効性をどのように検証するかが一つの課題となっています[7]。

*PID（Potential Induced Degradation）現象。大規模太陽光発電設備で問題となっている急激に出力低下を起こす電圧誘起出力低下現象。

立地制約の顕在化

太陽光発電の主な導入形態は、住宅屋根への設置や、平坦地での地上設置などです。前者は電線が既に張られていますし、後者は工事費が比較的安く済みます。住宅に関しては、その潜在的な導入ポテンシャルが約 2,700万戸、そのうち導入可能な 1 戸建は 1,200 万戸とみられ、残りの 1,500 万

戸うち、1,200 万戸については昭和 55 年以前の耐震基準であるため、建て替えか、太陽電池モジュールの軽量化や設置技術の改良が必要です[8]。メガソーラーに関しては、土地造成費用や系統連系費等の初期コストが安い土地が少なくなっていて、用地確保の競争が激しくなり借地料の上昇も懸念されます[7]。

系統接続の制約の顕在化

　電力各社は、最大電力需要を想定して必要な容量の送電網を整備しています。そこへ、太陽光のような天候による電圧変動のある電源が大量に接続された場合、電流が急激に増えて送電容量を超えると安全装置が連鎖的に作動して大規模停電を招くリスクがあります。一時、電力会社が太陽光発電買い取りの新規受け入れを停止する事態もありました。また、配電用変電所において、変電所から供給している電気の量を変電所に流れてくる電気の量が上回る状態（バンク逆潮流）があってはならないという規定が緩和されました[9]ので、バンク逆潮流があった場合に備えて保護装置を設置するなどの対策に要する費用負担が求められる可能性も出てきました。電力会社ごとのバンク逆潮流対策に伴う事業者費用負担の額は 1kW 当り 1,000～4,000 円程度となっています[7]。

廃棄物大量発生への対応

　使用済み設備の量については、例えば、2013 年に運転開始した非住宅分野の 570 万 kW の設備は 20 年後の 2033 年に FIT の買取期間が終了し、使用済み設備として廃棄されるものが出てくると考えられます。その後、耐用年数にばらつきがあるものの 40 年後の 2053 年までにはほとんどが廃棄されるものと思われます。将来の廃棄物大量発生に対処するため、NEDO では太陽光発電リサイクル技術開発プロジェクトとして、5 円/W 以下（年間 20 万 kW 処理時）を目標とした低コスト分解処理技術などの開発を進めています[10]。

参考文献　2.3 太陽光発電
(1) 資源エネルギー庁：エネルギー白書 2015、p.138

第 2 章　再生可能エネルギー開発の現状と課題

(2)　固定価格買取制度情報公表用ウェブサイト
　　　https://www.fit.go.jp/statistics/public_sp.html
(3)　資源エネルギー庁：エネルギー白書 2007、p.173
(4)　資源エネルギー庁：エネルギー白書 2016、p.174
(5)　経済産業省 調達価格等算定委員会：第 25 回配布資料、資料 1 電源別（太陽光・風力）のコスト動向等について、p.14、平成 28 年 11 月 1 日
(6)　NEDO：再生可能エネルギー技術白書 第 2 版、第 2 章 太陽光発電、p.23、2014 年 2 月
(7)　NEDO：太陽光発電開発戦略、p.37-46、2014 年 9 月
(8)　経済産業省：我が国における再生可能エネルギーの現状、調達価格等算定委員会、第 1 回資料 7、p.12、2012 年 3 月 6 日
(9)　経済産業省 HP：「電気設備の技術基準の解釈の一部改正（バンク逆潮流制限に係わる規程）について」2013 年 5 月 31 日
(10)　NEDO：「太陽光発電リサイクル技術開発プロジェクト」基本計画、プロジェクトコード P14020、事業期間：平成 26 年度～平成 30 年度

コラム2　風力発電と太陽光発電の変動性

　再生可能エネルギーのなかで、風力発電と太陽光発電は天候に左右される変動電源で、これらが大量に連系されると電力系統の不安定化を招くと懸念されます。一口に変動電源といっても、風力と太陽光では変動性が異なります。まず、風力は季節風が吹く冬に強く、太陽光は夏に強いという季節変動があります。太陽光は夜間ゼロになり正午ごろ最大になります。風力は夜でもゼロにはなりませんし、海風、陸風が吹く昼間と夜間が強く、朝夕は弱くなります。こうした日変動までは電力系統側での対応も難しくありませんし、変動性が異なることでお互いに補い合うことにもなります。また、太陽光の日変動は電力需要の日変動と整合的ともいえます。問題は短時間の出力変動です。

　太陽光の出力は快晴であれば安定していますが、晴れであっても雲がかかった瞬間に下降し、雲が切れた瞬間に上昇するというように激しく変動します。雲が原因の変動ですから、雲の種類、高さ、動く速さによって変動のし方が違います。風力は地表付近の風の乱れによって変動します。平坦な海上を吹いてきた風の乱れは小さく、内陸に行くほど地形の凹凸や建物の影響で乱れが強くなります。このように、太陽光は高層気象、風力は地上気象によって出力が変動します。

　一般に放送されている気象予報では晴れ・曇り・雨や風速の時間予報が出されていますが、航空機には高さ別に、乱気流情報も含めて、詳しい気象現況・気象予報が提供されています。こうした情報を活用して風力発電、太陽光発電の出力変動を予測する技術が開発されれば電力系統の安定化対策に役立つものと期待され、NEDO の「電力系統出力変動対応技術研究開発事業」が進められています。また、ひまわり8号を用いた日射量予測システム[1]や雲の厚さと光の強さ[2]の研究なども進められています。

(1) 橋本・宇佐美：ひまわり8号を用いた日射量推定・予測システムの開発、電力中央研究所報告、N16001、2017年1月
(2) 西澤・田村：日射量予測モデルを検証するための雲の光学的厚さと散乱比率の推定法（その2）－散乱比率の観測値と推定値の比較－、電力中央研究所報告、V15014、2016年6月

コラム3 太陽光発電が大量接続された電力系統の安定化対策

　現在急速に導入が進んでいる太陽光発電ですが、導入量が増えるにつれて系統安定運用の面で課題が出てきます。

　変電所から高圧配電線を通って地域に配られる電気は柱上変圧器で100V・200V に降圧され、低圧配電線を通って各戸に配られます。変電所から遠い柱上変圧器に届いた電気は途中の各戸で電気が使われるため電圧が下がります。そこで、電圧が規定値よりも下がらないように各柱上変圧器の降圧の幅を適正に設定しています。また、発電量が使用量と一致していないと周波数が規定値を逸脱してしまいますので、常に周波数を監視して発電量を調節しています。

　大量の太陽光発電が配電系統に接続され、出力が激しく変動すると上述のような電圧管理や周波数管理が難しくなります。また、火力発電は出力を一定値以下に絞って運転することができないので、太陽光発電の出力が大幅に増えた場合、電力が余ってしまいます。さらに、太陽光発電の直流出力を交流に変換するパワーコンディショナーが回転系の発電機とちがって同期化力*や慣性力**を持たないために、事故時の系統安定性が低下します。

　こうした問題を解決するために、電圧調整装置の設置、蓄電池・揚水発電の活用などの対策がとられています。さらに需要地系統***における電力需給協調技術、系統周波数維持のための電力貯蔵活用技術、系統事故に対するセキュリティ評価などの研究が進められています[1]。

＊同期化力：発電機が系統に連系している状態で、その同期状態を乱す系統事故などがあった場合、元の同期がとれた運転状態に戻すために発電機間に働く復元力です。
＊＊慣性力：発電機が動力の変化に抵抗する力で、それによって出力が滑らかに変化します。
＊＊＊需要地系統：分散型電源が接続された配電系統をそのように呼んでいます。

(1) 電力中央研究所：再生可能エネルギー大量導入時の電力系統安定運用技術、DEN-CHU-KEN TOPICS、Vol.20、2015年5月

２．４ 地熱発電

地熱発電の仕組み

　地熱発電は高温の熱水として地下に貯えられている地熱貯留層から、生産井によって熱水・水蒸気を取り出し、その熱エネルギーを利用して発電するもので、フラッシュ方式とバイナリー方式に大別されます。発電に使われた熱水・水蒸気は還元井によって地熱貯留層に還元されます。フラッシュ方式にはシングルフラッシュ方式、ダブルフラッシュ方式、ドライスチーム方式があります。シングルフラッシュ方式は、気水分離器で蒸気のみを抽出してタービンを回す方式です。ダブルフラッシュ方式は、蒸気が抽出された後の熱水を減圧して再度蒸気を発生させタービンを回す方式です。ドライスチーム方式は、坑口から蒸気のみが噴出する生産井で、そのままタービンを回す方式です。バイナリー方式は熱水・水蒸気の熱で、水より沸点の低いペンタン、アンモニアなどの媒体を加熱・蒸発させ、その蒸気でタービンを回す方式です。バイナリー方式では、タービンを回した後の媒体を凝縮器で液化して反復使用します。この方式によって、フラッシュ方式では利用できない低温の熱水や水蒸気を活用することができます。

発電コスト

　各国の事例をみると発電コストはフラッシュ方式で4〜10円/kWh程度、バイナリー方式で4〜12円/kWh程度と試算されていますが、日本では9.2〜11.6円/kWhと、世界より比較的高く試算されています[1]。地熱発電の建設コストは生産井の深度や蒸気量、発電方式、開発地点の条件などに加え、建設資材コストの影響を受け、建設する場所や時期によって変動します。さらに、規制緩和で可能になった規制区域外から規制区域内の地下の熱源に向けて斜め掘りする場合などは建設コストが増加します。

導入量

　地熱開発の歴史を見ると、石油危機に対応して1973〜1979年に実施された全国地熱基礎調査など、さらに1980年の新エネルギー総合開発機構（NEDOの前身）設立と調査の質を上げて実施された地熱開発促進調査などによって、東北・九州地域を中心に地熱開発が進められました。その結果、

1991〜1996年に設備容量は27万kWから53万kWに大きく増加しました[(2)]。しかし、1996年以降は設備容量に大幅な増加はなく、事業用では1999年に八丈島地熱発電所が運転を開始して以来、新規立地での運転開始がない状態が続いています。また、設備の寿命やスケール[*]の問題で発電電力量は1997年をピークに減少傾向にあります[(2)]。日本地熱協会によると、2016年6月時点で図2.4-1のように36ヶ所の地熱発電所が稼働していて、設備容量の合計は約52万kWです[(3)]。建設中の山葵沢（わさびざわ）発電所、山川バイナリー発電所を含めると合計約56万kWに達します。

＊スケール：生産井や配管などに付着する熱水中成分の析出物

図2.4-1　地熱発電所と活動度指数（2016年6月現在）
出典：日本地熱協会ホームページ[(3)]

資源量

　日本の地熱資源量は世界第 3 位の 2,347 万 kW ですが、その約 8 割が自然公園内にあり、多くが特別保護地区及び特別地域にあるため資源量の 2%程度しか利用されておらず、設備容量では世界第 8 位に留まっています[(4)]。地熱資源量世界第 1 位の米国は 3,000 万 kW、2 位のインドネシアは 2,779 万 kW、4 位のフィリピンとメキシコが 600 万 kW、以下アイスランド、ニュージーランド、イタリアの順になっています[(1)]。

地熱発電開発の進捗状況

　資源エネルギー庁がまとめたところによると、深査、環境アセスメント、生産井・還元井掘削、発電設備設置の各段階にあるものを合わせると 29 件、想定最大出力約 8 万 kW、地表調査・掘削調査段階にあるものが 15 件、想定最大出力約 25 万 kW、地元調整中のものが 10 件、想定最大出力約 56 万 kW となっています[(4)]。

FIT 買取価格決定時期の前倒し

　地熱発電の大規模な開発は地熱調査に約 2 年、噴気試験を含む地下探査・評価に約 3 年、環境アセスメントに約 4 年、建設に約 3 年というステップで進みますが、FIT 買取価格の決定時期は環境アセスメントの終了後となっていたため、事業者は買取価格変動リスクを長期間抱えながら事業化検討を進めなければならず、事業化判断を難しくしてきました[(5)]。価格変動リスクを低減するためには、買取価格決定時期を大きな投資が必要となる噴出試験を目的とした調査井掘削時期まで早めることが望まれています[(5)]。このような中、FIT 法が改正され、地熱を含むリードタイムが長い電源については、複数年分を一括して価格決定することになりました。

技術的課題

　NEDO は地熱発電の主な技術課題として低コスト化、高効率化、高耐久化、利用可能資源の拡大などを挙げています[(1)]。低コスト化には開発リスクを減らす地熱探査精度の向上と、スケール対策として行われる除去作業、析出抑制剤のコストダウンが重要です。高効率化には熱量や水量など地熱貯留層の状況に合わせたプラントの運転が重要です。高耐久化には熱水に含

－27－

まれる腐食性物質に応じた最適なステンレス材料の選定とプラント各部への合理的なコーティングなどが重要です。利用可能資源の拡大には温泉熱を利用した小型のバイナリー発電システムなどの開発が進められています。

立地上の課題

　NEDOは地熱発電の立地上の課題として自然環境との調和と、立地地域との共生を挙げています[1]。自然環境との調和については、自然公園の第2種特別地域と第3種特別地域の地熱開発において、自然環境、風致景観等への影響が小さなものについては、個別に判断し自然環境の保全や公園利用に支障がないものは認められることになりました。立地地域との共生については、地熱資源の多くが温泉地に近接していることから、温泉資源に影響を及ぼしていないかどうかを確認するために、温泉事業者の協力を得て温泉源泉の湧出量、温度等のモニタリングを実施し、これらのデータを積極的に公開することにより、調査段階から、地域の信頼と協力を得ることが重要です。

参考文献　2.4 地熱発電
(1) NEDO：再生可能エネルギー技術白書 第2版、第7章 地熱発電、平成26年2月
(2) 資源エネルギー庁：エネルギー白書2014、第2部 第1章、p.175
(3) 日本地熱協会 http://www.chinetsukyokai.com：日本の地熱発電所
(4) 資源エネルギー庁：エネルギー白書2016、第2部第1章、p.180

(5) NEF 新エネルギー産業会議：地熱エネルギーの開発・利用促進に関する提言、p.13、平成28年3月

2.5 水力発電

２．５ 水力発電

水力発電の種類

　水力発電は発電型式（落差のつくり方）、発電方式（運転のし方）、出力の大きさなどで分類されています。発電型式としては、上流で取水した水を水路で導いて下流との落差をつくる水路式、ダムでせき止めて落差をつくるダム式、両者を組み合わせたダム水路式があります。発電方式としては、貯水池に貯めた水で雨が少ない季節にも発電できる貯水池式、夜間や週末に貯めた水を需要の多い時間にまわす調整池式、水を貯めずに川の流量をそのまま利用する流れ込み式があります。出力の大きさとしては、最大出力 10 万 kW 以上が大水力、1 万〜10 万 kW が中水力、1,000〜1 万 kW が小水力、100〜1,000kW がミニ水力、100kW 以下がマイクロ水力となっています。また、上下二つの調整池を使って電気が余るときは水をくみ上げ電気が足りない時に発電する揚水発電のうち上池に自然の流入がほとんどない純揚水と上池に自然の流入がある混合揚水、そして揚水発電を行わない一般水力という分け方もあります。なお、FIT の対象は一般水力です。

水力開発の歴史

　水力発電には 120 年以上の歴史があり、明治から昭和の初めにかけては水力がベースロードを担い火力がピーク時の不足をカバーするという「水主火従」時代、昭和 30 年代は大型建設機械の導入によって大ダムが盛んに建設された水力黄金期、と同時に高度成長期の電力需要を賄うために建設費が安く出力の大きい発電所を比較的短期間に建設できる火力発電所が増えて「火主水従」に移り変わった時代、そして 1973 年と 1978 年のオイルショック後は「純国産エネルギー」として再び水力発電が見直され、環境に配慮した水力開発が求められる時代へと移り、最近では開発規模の小型化に伴い様々なコストダウンの工夫が図られるようになりました。2016 年 3 月末時点で一般水力が 1,986 地点、最大出力 2,799 万 kW、年間可能発電電力量 952 億 kWh となっています[1]。一方、世界を見ると、2013 年時点の設備容量はヨーロッパ 2 億 6,000 万 kW、アジア 4 億 9,000 万 kW、北米 2 億 kW、中南米 1 億 4,000 万 kW などとなっており、なかでも、アジアは 2000

− 29 −

第 2 章　再生可能エネルギー開発の現状と課題

年時点の 2 億 1,000 万 kW から 2.3 倍に伸びていて、他の地域と比べて際立っています[2]。

未開発の包蔵水力

　山々に囲まれた地形と水に恵まれた日本の自然環境は水力発電に適していて、国を中心に明治 43 年の第 1 回以降、計 5 回、発電水力調査が行なわれました。その結果、技術的・経済的に利用可能な包蔵水力のうち未開発は 2016 年 3 月末時点で一般水力 2,698 地点、最大出力約 1,195 万 kW、年間可能発電電力量約 452 億 kWh です[1]。その出力別地点数は以下のとおりで、分母が全体の地点数、分子が未開発の地点数です[1]。

100,000kW 以上	3 ／ 30 地点	5,000〜10,000kW	336 ／ 626 地点
50,000〜100,000kW	13 ／ 82 地点	3,000〜 5,000kW	523 ／ 689 地点
30,000〜 50,000kW	21 ／ 111 地点	1,000〜 3,000kW	1,227 ／ 1,663 地点
10,000〜 30,000kW	206 ／ 574 地点	1,000kW 未満	369 ／ 952 地点

　3 万 kW 以上の地点は残り 2 割以下になっていて、3 万 kW 未満の未開発地点が多いのが分かります。

水力発電開発の見通し

　経済産業省の長期エネルギー需給見通し[3]では、2030 年度における全電源の総発電電力量 1 兆 650 億 kWh のうち水力は 8.8〜9.2%程度（939〜981 億 kWh）としていますが、これは自然公園法や地元調整等自然・社会環境上の障害が解決可能とされる地点の半数〜全数で開発が進んだ場合を想定したシナリオに基づいて推定されたものです。したがって、障害の解決が難航した場合は導入量の伸びが抑えられることになります。そのため、既に行われている小水力発電に係る河川法の許可手続きの簡素化等規制緩和に加えて環境影響評価法、自然公園法および森林法における許認可手続きの簡素化・迅速化、電源三法交付金の電源立地促進対策交付金相当部分の拡充・活用による地域との共生・地域理解の醸成、FIT に加えて経済産業省・農林水産省・環境省が設けている中小水力発電への補助制度の活用などが望まれます。

最近の水力開発の特徴

　日本の水力開発は、一般水力においては開発の奥地化・小規模化により

－30－

2.5 水力発電

経済的に有利な地点は減少し、既設水力の再開発・増改築、維持流量発電
や総合開発事業の一環としての開発が中心になっています。また、2012年
に施行されたFIT法により、これまで経済性が劣っていた地点が開発可能
となってきています。河川に加えて工業・農業用水路、上下水道、砂防堰
堤等を活用するなどした開発が進められており、地域活性化に貢献する地
元主導の水力開発も見られるようになりました。

中小水力発電ガイドブックなど

中小水力発電の実務については新エネルギー財団、経済産業省、国土交
通省などから解説書が出ています。

新エネルギー財団「中小水力発電ガイドブック」：中小水力発電所の調査・
計画・設計及び保守などの基本的事項及び事務手続き等の実務を、電気
事業法など関係法令を交えて分かり易く解説しています。

経済産業省「中小水力発電計画導入の手引き」：中小水力発電計画策定の参
考となるように、近年の水力開発に係る諸制度や技術の動向をまとめた
上で調査段階から建設・保守に至るまで一連の流れを分かり易く解説し
ています。

国土交通省「小水力発電設置のための手引き」：河川から取水した農業用水
等を利用する小水力発電（従属発電）を許可制から登録制にした河川法
の改正、都道府県知事等へ許可権限の移譲など水利使用手続きの簡素
化・円滑化の概要を紹介し、河川法の許可の取得に当たりどのような点
がポイントになるかなどを様々な事例で説明しています。

経済性

一般に水力発電は、建設コストは高いが運転コストは安く、長期にわた
って安定した運転ができますが、小水力発電では相対的に運転コストも大
きく、水量の変動を受けやすいので、長期間の安定した運転の確保、建設
コストの低減、運転コストの低減が重要です。

長期間の安定した運転の確保

長期間の安定した運転を確保するためには長期間の流量データに基づい

-31-

て計画を策定しなければなりませんが、既設発電所水路、農業用水路、河川維持流量、上下水道管路等を利用する場合は既存のデータがあります。

建設コストの低減

小水力発電では貯水池や調整池をつくらない流れ込み発電とすることが一般的ですのでその分建設コストは少なくて済みますが、さらに取水設備・導水路・放水路等として既設工作物を最大限有効利用するのが経済的です。水圧管路については「小流量・低落差」の場合、JESC規格に規定されている安価で施工性の良い一般市販管3種を利用できるようになりました。

　　　硬質塩化ビニール管（塩ビ管）
　　　ポリエチレン管（ポリ管）
　　　ポリエチレンリブ管（ポリリブ管）

運転コストの低減

小水力発電の保守管理ではとりわけ取水設備の塵芥除去に手間がかかりますが、斜めに設置したバースクリーンの上から水が流れることで塵芥が洗い流される図2.5-1のようなバースクリーン後方取水方式などが参考になります。

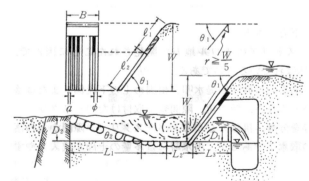

図2.5-1　バースクリーン後方取水方式の取水設備の参考例
出典：新エネルギー財団、水力資源有効活用技術開発調査報告書 総括版[4]

最適な水車・発電機の選定

　水車は、落差や流量に対応して様々な種類があり、落差と流量を基本諸元として図 2.5-2 のような水車形式選定図[5]から選定します。

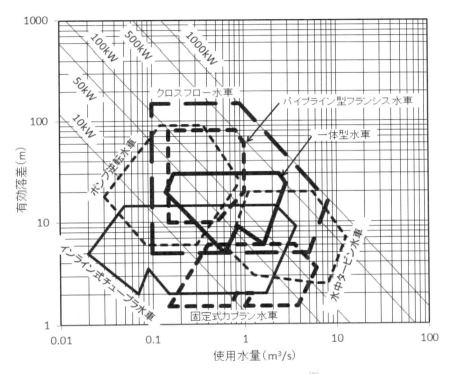

　図 2.5-2　水車形式選定図　　出展：エネ庁、NEF[5] の一部を割愛・改変

　クロスフロー水車、パイプライン型フランシス水車、一体型水車、ポンプ逆転水車、インライン式チューブラ水車、固定式カプラン水車、水中タービン水車などは小水力用に開発されています。小規模水力の場合、こうした水車・発電機の選定が経済性を左右する場合が多く、水理特性、地点特性に応じた最適な水車形式を選ぶことが重要です。形式を決めたらメーカーのラインナップから必要な仕様・諸元に最も近い水車を選びます。また、流れ込み発電などで流量変動が大きい場合は対応できる水車を選ぶか

第 2 章　再生可能エネルギー開発の現状と課題

2 台の水車を並列してバルブ操作で 1 台運転、2 台運転を切り替えるなどの
対応が考えられます。維持流量発電など落差の変動が大きい場合は 2 台の
水車を直列して高落差のときは 2 台運転、低落差のときは 1 台を発電機か
ら切り離すなどの対応が考えられます。以上のようにして、できるだけ最
高効率の条件で発電するようにします。

参考文献　2.5 水力発電
(1) 資源エネルギー庁 HP：水力発電について、データベース、発電水力調査・包蔵水力
(2) 海外電力調査会　海外電気事業統計（2008 年）および　国連 Energy Statistic Yearbook
　　（2009, 2013）
(3) 経済産業省　長期エネルギー需給見通し（平成 27 年 7 月）
(4) 新エネルギー財団：資源エネルギー庁委託調査　水力資源有効活用技術開発調査報告書 総括
　　版、Ⅱ－1、第 3 章、p.3－6、平成 19 年 3 月
(5) 資源エネルギー庁、新エネルギー財団：水力発電計画工事費積算の手引き、3 電気設備選定
　　の手引き、p.8、平成 25 年 3 月

コラム4　地熱発電と水力発電の地域共生

　地熱発電や水力発電の開発を進める上での課題の一つとして地域共生があります。水力発電の開発で大きなダムを建設し、貯水池をつくる場合は住宅、道路など地域のすべてを高台に移転することになりますが、多くの場合、新しく生まれる湖とダムが観光資源として活用されています。一方、地熱発電の開発ではそのような明確な形での地域の変化はありませんが、温泉資源への影響を懸念する温泉事業者との相互理解が非常に大きな課題になります。

　地熱と温泉の専門家、開発事業者、温泉事業者へのヒアリング調査などで、温泉資源への影響についてのリスク評価、リスク管理、地元便益についての課題が明らかになっています[1]。既設の地熱発電所では温泉のモニタリングを継続的に行い、その結果から温泉資源への影響を評価していますが、評価結果の解釈で意見の対立がみられます。温泉事業者には将来的なリスクへの懸念が強く、万一温泉に影響があった場合の具体的な対策や備えに不安があります。利害関係者の範囲が不明確なため地熱発電開発による便益供与の際は公平性の十分な配慮が必要です。[1]これらのことから、定期的に情報交換するオープンな協議会を開発の早い段階から開始して運転開始後も継続的に開催すること、温泉への影響があった場合の備えとして補償制度を整備すること、保険を活用することなどが重要であると言えます。[1]

　FIT開始後は温泉事業者自身が地熱発電事業者になる例や、福島県土湯温泉の再生可能エネルギー体験ツアーなど今後の開発の形として期待されます。また、地熱開発の調査で得られた地下の様々な情報は温泉事業、観光事業、環境教育でも大いに活用できるものと考えられます。

(1) 窪田：地熱発電開発と温泉事業との相互理解と地域共生に向けた方策、電力中央研究所報告、V11033、2012年4月

第2章　再生可能エネルギー開発の現状と課題

２．６　バイオマス発電

バイオマスの種類

　バイオマス発電に用いられるバイオマスは次のように廃棄物、未利用資源、資源作物に大別されます。

　　　廃棄物　　　：食品加工廃棄物、食品販売廃棄物、厨芥類、廃食油、家
　　　　　　　　　　畜排せつ物、下水汚泥、製材工場の残材、黒液など
　　　未利用資源：稲わら、もみがら、バガス、間伐材、間伐・枝打ちによ
　　　　　　　　　　る林地残材、剪定枝など
　　　資源作物　：薪炭林材、ブラジル等で自動車燃料に使われているサト
　　　　　　　　　　ウキビ、トウモロコシなど

黒液は製紙工場で木材チップを水酸化ナトリウムなどで煮溶かして繊維を取り出した残りの樹脂成分などを含む廃液で、これを燃料とする熱利用や蒸気タービン発電が普及しています。バガスはサトウキビの搾りかすです。

導入実績

　2015年度の総合エネルギー統計[1]によると、バイオマスエネルギー国内供給量はバイオマス発電が150PJ（ペタジュール）、バイオマス直接利用が5PJ、黒液直接利用が193PJ、廃材直接利用が42PJで、合計390PJとなっていて、これは水力を除く再生可能エネルギー・未利用エネルギーの40%にあたります。固定価格買取制度情報公表用ウェブサイト[2]によると、FIT認定発電設備の導入量は2016年11月末時点で189万kWとなっていますが、これは設備容量931万kWに認定時のバイオマス比率（燃料全体の低位発熱量に対するバイオマス成分の低位発熱量の比率）を乗じたもので、より実態を反映するためとして2017年度から採用されている集計方法による推計値です。同サイトの詳細情報[3]を集計すると、バイオマス比率はメタン発酵ガスの99.6%、未利用木質200kW未満の100%に対して、未利用木質200kW以上は9.8%、一般木質・農作物残さは19.7%、建設廃材は30.3%、一般廃棄物・木質以外は24.6%と非常に低くなっています。

－36－

バイオマス発電の種類と発電効率

　NEDO の再生可能エネルギー技術白書 第 2 版[4]によると、バイオマス発電は次のように直接燃焼による発電とガス化による発電に大別され、発電に使われる蒸気タービンなどの発電出力と発電効率の関係は図 2.6-1 のようになります。

　　直接燃焼による発電

　　　・大型石炭火力への混焼による発電（蒸気タービン）

　　　・バイオマス専焼ボイラーによる発電（蒸気タービン）

　　ガス化による発電

　　　・メタン発酵による発電（ガスエンジン）

　　　・熱分解ガス化による発電

　　　　　　　（蒸気タービン、ガスタービン、ガスエンジン、燃料電池）

一般に発電出力が大きいほど発電効率が高く、蒸気タービンで発電する大型石炭火力への混焼は数十万 kW ですので効率は 40％以上になりますが、他の 3 つはバイオマス燃料の調達量に限度がありますので発電出力をそこまで大きくできません。発電出力が小さくても発電効率が高い燃料電池などもありますが、コストが高く、技術的にも難しいです。

第2章 再生可能エネルギー開発の現状と課題

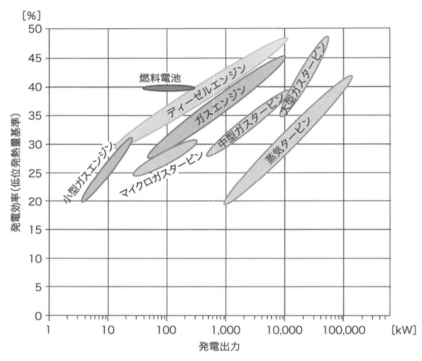

図 2.6-1　蒸気タービンなどの発電効率
出典：新エネルギー・産業技術総合開発機構（NEDO）、
「再生可能エネルギー技術白書 第2版」[4]

木質系バイオマス発電[5]

　木質系バイオマスは、中大規模製材所等での建設系廃材を利用した発電、熱利用が中心であり、多くが直接燃焼によるものです。直接燃焼は、特に木質系バイオマスにおいて主に利用されており、熱利用、蒸気利用、蒸気タービンにより発電利用されるものです。国内においても多くの施設で導入されており、稼働実績も十分にあります。木質系廃材・未利用材やサトウキビの絞りかすであるバガスを用いての熱利用および発電は、既に実用レベルに達している技術です。

畜産系・食品系バイオマス発電[5]

　エネルギー利用される主な畜産系バイオマスには、牛ふん尿、豚ふん尿、鶏糞などがあります。食品系バイオマスには、食品工場から出る廃棄物、飲食店やホテルから出る生ごみ、家庭用生ごみなどがあります。これらは含水率が高いバイオマスであるため、メタン発酵が主流です。ただし、鶏糞は燃焼による熱利用や発電に用いられる場合が多いです。畜産系・食品系バイオマスのエネルギー利用事業はこれまで、自家、自社、自治体でそれぞれ発生する廃棄物処理費用削減のために導入するものや、畜産や酪農の盛んな地域で自治体等が共同処理設備を設置するものが多かったです。また、飲食店やホテル、工場などから食品廃棄物を集め、処理費用をとって処理を行う産廃処理業者がいます。こうしたケースに加え、近年では、家畜ふん尿、し尿、下水汚泥、生ごみなどを混合して処理することで処理量を増やし、単位処理量あたりの設備投資額を抑える取組みも出てきています。

バイオマス発電の経済性

　バイオマス発電の発電コスト（社会的費用を除く発電原価相当）については、総合資源エネルギー調査会の発電コスト等の検証に関する報告（2015年）[6]によると、専焼が 28.1 円/kWh、混焼が 12.2 円/kWh と試算されています。これに対して、1kWh あたりの FIT 買取価格は間伐材由来の木質バイオマスが 2,000kW 以上で 32 円＋税、2,000kW 未満で 40 円＋税、建築資材廃棄物が 13 円＋税などとなっています[7]。

　一般的に発電単価は大規模になるほど低下することから、規模が大きいほど事業性は高くなります。ただし、バイオマス発電事業の規模の設定において留意しなければならないのは、バイオマスを安定調達できる範囲で発電規模を設定することです。木質バイオマス発電には直接燃焼発電とガス化発電があり、直接燃焼発電は規模が大きくなるほど発電効率が向上し有利です。小規模の場合はガス化発電の方が発電量を多くできて有利ではありますが、ガス化発電技術は商業導入事例が数列あるものの更なる技術開発が必要な状況です。

第2章　再生可能エネルギー開発の現状と課題

バイオマスエネルギーの将来見通し

　資源エネルギー庁の長期エネルギー需給見通し（2015 年）[8]によると、我が国のバイオマス発電の 2015 年時点における導入量は 252 万 kW（177億 kWh）で、2030 年度にはバイオマス全体で 602 万〜728 万 kW（394 億〜490 億 kWh）の導入が見込まれるとしています。

今後に向けた課題

　NEDO 再生可能エネルギー技術白書 第 2 版[4]は国内市場の拡大とその市場への対応に関する課題ならびに国際競争に関する課題を次のように挙げています。

　　国内市場の拡大とその市場への対応に関する課題

　　　安価・安定的な原材料確保：林道整備、林業機械化など

　　　利用基盤整備：バイオマス燃料の規格化など

　　　エネルギー変換・利用技術：混焼拡大に向けた半炭化技術の開発など

　　　メンテナンス体制の整備：設備機器全体の一括メンテナンス体制など

　　　データベースの構築：バイオマス種、変換技術、地域特性など

　　国際競争に関する課題

　　　パッケージ化と技術輸出：ASEAN 地域向けの簡易型メタン発酵槽など

　　　国内外企業との連携：ビジネススキームの上下流連携、現地調達など

　　　ニーズ・事業環境把握：インフラ条件に合わせたプラント設計など

このうち、安価・安定的な原材料確保については国土保全と農業改革に向けた日本の林業、畜産業の今後のあり方と密接に関るものと考えられます。

参考文献　2.6 バイオマス発電
(1) 資源エネルギー庁 総合政策課：平成 27 年度（2015 年度）におけるエネルギー需給実績（確報）、p.39、平成 29 年 4 月
(2) 固定価格買取制度情報公表用ウェブサイト：平成 28 年 11 月末時点の状況（平成 29 年 3 月 13日更新）
(3) 固定価格買取制度情報公表用ウェブサイト：詳細情報ダウンロード、A 表 都道府県別認定・導入量（平成 28 年 11 月末時点）
(4) NEDO：再生可能エネルギー技術白書 第 2 版、第 4 章、p.14、p.19、pp.101-107、2014 年
(5) NEDO：バイオマスエネルギー導入ガイドブック（第 4 版）、pp.43-46、pp.70-76、pp.92-95、平成 27 年 9 月、平成 29 年 2 月修正

（6）総合資源エネルギー調査会：長期エネルギー需給見通し小委員会に対する発電コスト等の検証に関する報告（2015 年）
（7）経済産業省ホームページ：再生可能エネルギーの平成 29 年度の買取価格・賦課金単価等を決定しました、ニュースリリース、2017 年 3 月 14 日
（8）資源エネルギー庁：長期エネルギー需給見通し関連資料．平成 27 年 7 月

２．７ 廃棄物発電

位置付け[1]

　廃棄物には、一般的に厨芥や紙などのバイオマス成分が含まれるため、廃棄物発電は再生可能エネルギーであるバイオマス発電の一つと言えます。ただ、バイオマス成分だけでなくプラスチックや合成繊維などの化石燃料由来のものも併せて焼却されることが普通であるため、厳密にはすべてを再生可能エネルギーと考えることはできません。しかし、これら化石燃料由来の成分を廃棄物発電として利用することは、本来ならば廃棄される不要物で発電を行い貴重な燃料を節減できるわけですから、地球温暖化対策とエネルギーセキュリティ上有効な手段であると言えます。また、廃棄物焼却施設は都市あるいはその近傍にありますので電力需要地に直結した分散型電源とも言えます。

廃棄物発電技術の種類[2]

　廃棄物発電技術は、燃焼方式とガス化方式に大別され、燃焼方式は更に、従来型発電方式、RDF 発電方式、複合型発電方式（リパワリング方式）に分類され、ガス化方式は更に、ガス化溶融発電方式、ガス変換発電方式に分類されます。廃棄物の燃焼ガス中には、塩化水素等が多く含まれており、蒸気温度が高温になるとボイラーの金属腐食が発生しやすくなります。したがって、一般的な火力発電所に比べてボイラーの蒸気温度を低く抑える必要があり、発電効率も低くなりますが、焼却技術等の向上に伴って、徐々に蒸気の高温高圧化が進んでいます。

燃焼方式発電[2]

　従来型発電方式は、廃棄物を加工せずストーカ炉*などの焼却炉で完全燃焼して、ボイラー、蒸気タービンで発電する方式で、現在でも主流とな

っています。RDF 発電方式は、廃棄物を固形化燃料（RDF：Refuse Derived Fuel）に加工し、ボイラー、蒸気タービンで発電する方式ですが RDF に含まれる水分や塩分による初期プラントのトラブルなどもあり導入は進んでいません。複合型発電方式は、従来型発電方式とガスタービンを組合せたもので、焼却ボイラーで発生した蒸気を、クリーン燃料利用のガスタービン発電の排ガスで過熱して蒸気温度を上げ、全体として発電効率向上、出力増大をねらう方式ですが、別途燃料を使う必要があることから導入は進展していません。

＊火格子（ストーカ）の上でゴミを乾燥・燃焼させます。

ガス化方式発電[2]

ガス化方式は 1990 年ごろから開発・実用化され、特に近年採用が増えてきました。ガス化溶融発電方式は、廃棄物を低温度でガス化（乾留）＊し、そのガスを高温燃焼部で燃焼させ、ガスに含まれる灰も溶融します。ボイラーと蒸気タービンで発電します。ガス化方式の大部分がこの方式です。ガス変換発電方式は、廃棄物の低温度のガス化まではガス化溶融と同じで、更に高温ガス化あるいは改質部＊＊を設けて完全にガス化し、発電はガスエンジンあるいは燃料電池で行います。この技術は、小規模でも発電効率が低下しない特性を持ちますが、まだ事例は少ないです。

＊ロータリーキルンや流動床（加熱した砂）でガス化します。
＊＊水蒸気や酸素を加えて H_2 や CO ガスを生成します。

産業廃棄物発電

パルプ・紙製品・セメント・化学製造企業では、使用エネルギーコストと廃棄物処理費用削減のために、自社工場用に産業廃棄物発電と蒸気供給を実施しています。これらの発電施設では、製造副産物、廃棄物であるパルプ黒液や端材、廃タイヤや廃プラスチック、化学反応時の廃ガスや有機汚泥などを燃料として利用しています。また、近年では自動車・タイヤ・製鉄といった製造業や産業廃棄物処理業も、自社工場給電用の産業廃棄物発電を開始しています。

廃棄物発電の現状[3]

環境省統計によれば、2015 年度の一般廃棄物総排出量は約 4,398 万 t で、

2.7 廃棄物発電

2000 年度の 5,483 万 t をピークに排出削減が進んでいます。総処理量は
4,170 万 t で、その 80.1%、3,342 万 t が直接焼却されました。一般廃棄物
焼却施設は 1,141 施設で、減少してきています。そのうち発電を行ってい
る施設は 30.5% に当たる 348 施設、総発電能力 193 万 4,000kW で、こちら
は増加傾向にあります。有効回答があった 343 施設のうち発電能力が
5,000kW 未満の施設は 224 施設で、全体の 65% を占めます。このうち、2,000kW
未満という比較的小規模な施設は 120 施設となっています。有効回答があ
った 335 施設のうち発電効率が 10% 以上の施設は 232 施設で、全体の 69%
を占めます。うち、発電効率が 20% 以上の施設は 28 施設に留まっています。

廃棄物発電導入促進に向けた国の施策

環境省は、2005 年度に「循環型社会形成推進交付金」を創設し、市町村
等が策定する「循環型社会形成推進地域計画」に位置づけられた廃棄物処
理施設等の整備に原則として対象事業費の 1/3 、先進的な高効率エネルギ
ー利用（ごみ発電、メタン回収、熱供給、省エネ等）には 1/2 を交付して
います。2016 年度の補正予算は 449 億 9,000 万円、2017 年度当初予算は
265 億円となっています。

2011 年 4 月に廃棄物熱回収施設設置者認定制度がスタートし、廃棄物
処理法に基づく一般廃棄物又は産業廃棄物処理施設であって、熱回収施設
を設置している者（市町村を除く）は、環境省令で定める基準への適合に
ついて、都道府県知事等の認定を受けることができるようになりました。
認定を受けることで、廃棄物を保管できる日数が 21 日まで認められ、廃棄
物処理法に基づく定期検査の義務が免除されます 2014 年 3 月 1 日時点で、
13 の設置者が認定されています。

2012 年 7 月にスタートした FIT で、廃棄物発電はバイオマス発電の 1
つとなっていて買取価格は 1kWh 当たり 17 円＋税、買取期間は 20 年間で
2019 年度までともに据え置きとなっています。2016 年 11 月末現在、RPS
制度からの移行認定を含めて 246 施設が認定されており、そのうち 215 施
設が運転を開始していて、その設備容量は 355 万 kW（バイオマス比率を考
慮すると 87 万 kW）となっています[4]。FIT の適用対象となるのはバイオ

− 43 −

マス分のみであるため、発電事業者は毎月多大な労力とコストをかけて廃棄物の組成分析を行い、バイオマス比率を算定する必要があります。また、規模の小さい施設ではコストが高くなるという事情を踏まえて発電規模に応じた調達区分を設けるべき等の意見も出ています。

廃棄物発電の国の導入目標等[5]

未利用廃棄物エネルギーの潜在能力は約940万kWと見られていて、環境省は2008年3月に閣議決定された廃棄物処理施設整備計画で、当時約163万kWの総発電能力を2012年には約250万kWとする目標を定めました。しかし2012年度末の実績は175万4,000kWで、目標を大きく下回りました。このため、2013年5月に閣議決定された廃棄物処理施設整備計画では、目標を総発電能力から発電効率へ切り替えるとともに、2014年度から2018年度までの時限措置として、発電効率に熱利用率を加えたエネルギー回収率が一定の基準を満たす施設に対して循環型社会形成推進交付金の交付率を1/2としています。

廃棄物発電の導入促進・普及

2014年3月のエネルギー回収型廃棄物処理施設整備マニュアル等により、新たな技術等の紹介、交付金政策による導入促進が図られていますが、先進的な取り組みを進める施設の実績等が必ずしも広く共有されているとはいえず、今後の施設整備や改良工事等を予定する市町村等に対して積極的な情報提供が必要です。焼却施設の約半数が100t/日未満となっており、施設の大規模化による発電効率の向上に向けて、ごみ処理の広域化を通した施設の集約を図るとして原則ごみ処理の広域化に伴い既存施設の削減が見込まれることを循環型社会形成推進交付金交付率1/2の交付要件の一つとしています。

FIT制度の下での経済性

廃棄物発電のFIT買取価格は制度発足当初、東京二十三区清掃一部事務組合による500t/日以上の処理能力を有する3工場の試算数値[6]を基に決定され、現在まで改訂されていません。一方、（一社）日本環境衛生施設工業会が行った試算では、廃棄物発電の規模別で発電原価に大きな差が現

れ、内部収益率（IRR）4%を考慮した調達期間 20 年の売電単価（FIT 制度）は 150t/日規模の施設で 46.5 円/kWh、600t/日の施設で 17.6 円/kWh と 3 倍近い価格差があることが指摘されています[5]。一般廃棄物焼却施設の日処理能力は 2015 年度時点で 600t 以上が 56 施設、300t 以上 600t 未満が 132 施設、300t 未満が 953 施設ですので、廃棄物発電を多くの一般廃棄物焼却施設に普及していくためには、新エネルギー財団（NEF）の新エネルギー産業会議が提言[5]しているように、FIT の調達価格を規模別に設定することが必要であると考えられます。

廃棄物発電の高効率化

近年の廃棄物処理に対する厳しい条件、特に廃棄物発電に対する要求は、①灰の溶融化、②ダイオキシンの更なる低減、③エネルギー効率向上、および④経済性向上であり、それに応える新しい技術の一つが次世代型ストーカ等発電方式です。灰の溶融は溶融炉を別途設置してもできますが、燃焼設備本体の中に組み入れることで設備費を低減し、溶融のためのエネルギーも外部から投入せずにゴミ自体のエネルギーを利用することによって効率向上および運転費の軽減ができます。同様に、「ガス化溶融発電方式」と「ガス変換発電方式」に分類される「ガス化発電方式」についても新しい技術開発への取り組みが引き続き行われています。

廃棄物発電の新しいかたち

広域化の限界、発電効率の限界、採算性の限界など廃棄物発電単独では解決が難しい課題を、ネットワーク化、コンバインド化で解決する新しいかたちが試みられています。例えば、①近隣自治体のゴミ発電所間、あるいはゴミ発電所と風力発電所・太陽光発電所などをネットワーク化して発電ネットワーク運用管理センターが電力流通を一括管理する[7]、②防災拠点となる市役所、コミュニティセンター、体育館にごみ発電の電力を専用線で常時供給することにより、災害時でも焼却施設の自立運転と防災拠点への電力供給を可能とする[8]、③廃棄物発電の処理工程に他の熱源を導入したり、他の発電設備を併設したりすることによって発電能力を増強し、発電効率を改善する[9]などが挙げられます。

第2章　再生可能エネルギー開発の現状と課題

循環型社会形成との関係

　地域の人口減少に加えて、廃棄物の減量・リサイクルが進み、発熱量の高いプラスチックや紙が分別されて焼却対象から外れると、高効率発電に必要なだけの廃棄物熱量が確保できない市町村も出てくると指摘されています。広域化についても、収集・輸送コストの増大や、他市町村の廃棄物を受け入れることに対する地域住民の反発等の問題が指摘されています。ごみ量の減少で施設の安定稼働に影響が生じかねない施設においては、これまで対象としていなかった可燃物を併せて処理することも一つの検討課題といえます。ただし、「安易に燃やしてよい、捨ててよい」という風潮にならないように、3R（発生抑制（Reduce）、再使用（Reuse）、再生利用（Recycle））の徹底が大前提です。

RDF 化施設の現状と課題[10]

　RDF 化施設はダイオキシン類排出規制が強化された 2002 年前後に集中的に建設され、茨城、福岡、石川、三重、広島の各県に 1 ヵ所ずつ RDF 発電所が建設されました。ただし、RDF 発電所では発熱量 4,000kcal/kg 以上の燃料を必要としていて、生ゴミの RDF（600kcal/kg～1,000kcal/kg）は適合しません。2003 年 8 月に三重県内のごみ固形燃料焼却・発電施設において、人身災害を含む事故が発生したことや、固形燃料需要の低下もあって、RDF 化施設を採用する自治体は、地域に RDF 発電所か RDF 燃料を使用する施設があるところ以外ほとんど採用されていません。

参考文献　2.7 廃棄物発電
(1) 鈴木良典：廃棄物発電の現状と課題、国立国会図書館調査及び立法考査局農林環境課、2014年 5 月
(2) 小川紀一郎：特集　新エネルギーの技術動向　8.廃棄物発電、電気設備学会誌、第 27 巻、2007年 8 月号
(3) 環境省大臣官房廃棄物・リサイクル対策本部廃棄物対策課：一般廃棄物の排出及び処理状況等（平成 27 年度）について、平成 29 年 3 月 28 日
(4) 固定価格買取制度情報公表用ウェブサイト
(5) NEF 新エネルギー産業会議：廃棄物発電システムの導入促進に関する提言、pp. 1-2、pp. 8-9、p. 16、2015 年 3 月
(6) 東京二十三区清掃一部事務組合：清掃工場発電の買取価格等の要望について、調達価格等算定委員会 第 4 回 配布資料 6、平成 24 年 4 月 3 日

－46－

2.7 廃棄物発電

(7) 日本環境衛生センター 今後のごみ発電のあり方研究会：今後のごみ発電のあり方について、平成 26 年 7 月

(8) 武蔵野市環境部クリーンセンター：新武蔵野クリーンセンター（仮称）建設事業説明会資料、平成 25 年 7 月

(9) 日本環境衛生センター、廃棄物・3 R 研究財団：平成 27 年度廃棄物発電の高度化支援事業委託業務報告書、Ⅱ-1-(1) コンバインド処理の考え方、平成 28 年 3 月

(10) 株式会社アーシン：環境省委託業務 平成 22 年度国内外における廃棄物処理技術調査業務 報告書、第 5 章ごみ固形燃料化（RDF）に関する調査、2011 年 3 月

コラム5　バイオマス発電と廃棄物発電の温室効果ガス削減効果

　バイオマス発電と廃棄物発電のバイオマス分はカーボンニュートラルで安定な電源として期待されています。バイオマスの燃焼による CO_2 の排出は温室効果ガス GHG としてカウントされませんので、燃焼による CO_2 排出量が 1kWh 当たり 800 g を超える石炭火力発電[1]の燃料の一部でもバイオマス燃料で代替すればその分 GHG を削減することができます。ただし、バイオマスの生産、運搬、加工の過程で排出される CO_2 は GHG として無視できません。

　日本の石炭火力発電所で混焼されるバイオマスペレット 1t につき運搬、乾燥、成形で排出される CO_2 をカナダの廃材、タイのバガス（サトウキビ搾りかす）、マレーシアの EFB（パーム油搾りかす）、国内の間伐材等の事例で比較した研究[2]では事例ごとに排出量が大きく異なることが報告されています。海外からの海上輸送で約100kg、乾燥に重油などを使う場合で約 200～500 kg、成形に系統電力を使う場合で約 200 kg といった排出量を積算すると、マレーシアの EFB を重油で乾燥、系統電力で成形の事例では 800 kg に達しました。カナダの廃材、タイのバガスでも乾燥に重油・軽油を使う事例で 500kg を超えました。一方、マレーシアの EFB でもパーム油工場の排熱で乾燥、バイオガス発電の電気で成形の事例では 100 kg 以下、カナダの廃材チップや国内の立枯れ木でバイオマスの燃焼熱を利用する事例では約100kg でした。[2]

　こうした結果を踏まえてバイオマス発電事業者協会が化石燃料由来 CO_2 の 1kWh 当りのライフサイクル排出量を試算したところによると、海外ペレット専焼で82g、国産ペレット専焼で102g、小規模石炭火力にバイオマス20%混焼で713g となっていて、専焼は勿論、混焼でも GHG 削減効果がはっきりと示されています[3]。

(1) 今村・井内・坂東：日本における発電技術のライフサイクル CO_2 排出量総合評価、電力中央研究所報告、Y06、2016 年 7 月
(2) 井内：国内・外石炭火力混焼バイオマス燃料の製造・輸送に係わる CO_2 排出量の評価、電力中央研究所報告、Y10010、2011 年 5 月
(3) バイオマス発電事業者協会：バイオマス発電事業の普及促進策について、経済産業省調達価格等算定委員会第 26 回、資料 1、2016 年 11 月 29 日

２．８ 研究開発途上の海洋エネルギー発電、高温岩体発電

2.8.1 海洋エネルギー発電

オイルショック後、日本は海洋エネルギー発電の基礎的研究で世界を主導していました。近年では欧州（特に英国）や米国で大規模に進められています。こうした世界的な技術開発の活発化や、再生可能エネルギー導入普及のニーズの高まりを受け、日本でも海洋エネルギー利用が再び脚光を浴びており、NEDO が中心となって研究開発プログラムを実施しています。なお、海洋エネルギーの利用の実現に関する検討や、国内に適用する場合の技術的な課題、コストの比較などについては、船舶海洋工学会の研究委員会報告書(2011)[1]や、池野(2011)[2]などが取りまとめています。

波力発電

波力発電は主に振動水柱型、可動物体型、越波型の 3 種類に区分されます。振動水柱型は海上と海中をつなぐパイプなどの中で上下する海面の動きで空気の往復流を起こし、タービンを回して発電します。可動物体型は海面上で上下する浮体の運動あるいは海中で波にあおられた板の運動をリンク機構で回転運動に変換して発電機を回します。越波型は波が斜面を這い上がることで海水をヘッドタンクに貯め、海面との水位差で水車を回して発電します。

NEDO の試算[3]によると、波力発電のシステム価格は商用プロジェクトの段階で 36〜51 万円/kW 程度、発電コストは 2020 年には 28 円/kWh まで削減されるとしています。

世界的にみると偏西風によって発達した波が打ち寄せる大陸西岸域には波力エネルギーが大きい海域が存在します。しかし、NEDO の調査[4]によると、日本の沿岸における波浪エネルギー密度は、全国平均で海岸 1m 幅当り年間平均 6〜7kW であり、ヨーロッパ大西洋岸の 40kW と比較して小さく（高橋、1989）[5]、現状技術を想定した場合の発電可能量は 19TWh、年間電力需要の約 2％と試算されています。

NEDO の「海洋エネルギー発電システム実証研究」（2017 年度終了予定）[6]では三井造船の機械式、エム・エム・ブリッジ（旧三菱重工鉄鋼エンジニ

－49－

アリング）・東亜建設工業の空気タービン式、ジャイロダイナミックス・日立造船のジャイロ式、市川土木・協立電機・いであの越波式の各波力発電研究プロジェクトが実施され、機械式波力発電と空気タービン式波力発電がステージゲート（中間評価）を通過して実証試験へ進んでいます。

潮流・海流発電

　潮汐によって起きる潮流はほぼ一日二回規則的に逆転する流れで、流速振幅もほぼ半月周期で規則的に変化しますので、これを利用する潮流発電は変動電源ではありますが信頼性の高い電源ということができます。潮流の流速は海峡や水道など流路が狭い地点では速くなります。その流れでタービンを回し発電します。現在は、水平軸型タービンを採用するシステムが主流となっています。海外では英国などで潮流発電の開発が進んでおり、実証試験が盛んに行われています。

　NEDO の試算[3]によると潮流発電のシステム価格は商用プロジェクトの段階で 42〜43 万円/kW 、発電コストは 2020 年には 23〜26 円/kWh まで低減するとしています。

　NEDO の調査[4]では、機器の設置や、導入に適した流速（1m/s 以上）を得られる海域などを考慮すると、潮流発電の現実的な導入量は約 190 万 kW、発電可能量は 60 億 kWh、年間電力需要の約 0.7% としています。

　黒潮、親潮などの海流は一時的な大蛇行を除けば、流速、流向、流量、流路が大きくは変わらず、幅約 100km、水深数 100m 程度と大規模で安定した流れです。海流は陸地から数 km 以上離れており水深が深いため、装置の設置や管理が難しいこと、送電距離が長くなることなど実用化に向けて多くの課題が残されています。

　日本周辺の海流エネルギーの賦存量は約 2 億 500 万 kW であり、実際の機器の設置や、導入に適した流速（水深5m で 1m/s 以上）を得られる海域などを考慮すると、海流発電の現実的な導入量は約 130 万 kW、発電可能量は 100 億 kWh、年間電力需要の約 1% とされています。

　NEDO の「海洋エネルギー発電システム実証研究」（2017 年度終了予定）

（6）では川崎重工の着底式潮流発電、三井海洋開発の浮体式潮流発電、IHI・東芝の水中浮遊式海流発電の各研究プロジェクトが実施され、水中浮遊式海流発電がステージゲートを通過して実証試験に進んでいます。

海洋温度差発電

海洋温度差発電（OTEC ：Ocean Thermal Energy Conversion）は海洋の表層100m 程度までの暖かい海水（26～30℃程度）と深層600～1,000m の冷たい深層水（1～7℃程度）の温度差を利用して発電するシステムです。海洋温度差エネルギーは、昼夜の変動がなく比較的安定したエネルギー源であり、季節変動が予測可能であるためベース電源として計画的な発電が可能です。発電方式により、クローズドサイクル、オープンサイクル、ハイブリッドサイクルに分類されます。

クローズドサイクルは沸点が低いアンモニアなどの作動流体を蒸発器で加熱・蒸発させた蒸気でタービン発電機を回し、タービンを出た蒸気を凝縮器で冷却・凝縮させてポンプで蒸発器に戻します。表層水を蒸発器での加熱に、深層水を凝縮器での冷却に使います。

ウエハラサイクルはクローズドサイクルを改良して作動流体にアンモニアと水の混合液を用いて2 段階で発電するもので、作動流体の蒸発器と凝縮器に独特のプレート式熱交換器を用います。理論的には世界トップレベルのサイクル熱効率と評価されています。

オープンサイクルは蒸発器、タービン、凝縮器を真空ポンプで真空にしておき、表層水自体を蒸発器でフラッシュさせて水蒸気をつくり、タービン発電機を回した水蒸気を凝縮器で凝縮し凝縮器の真空度を維持します。凝縮器の冷却には深層水を使います。蒸発器からは濃縮海水が、凝縮器からは淡水が排出されます。

ハイブリッドサイクルはクローズドサイクルにオープンサイクルを組み合わせたものです。クローズドサイクルの蒸発器の加熱源としてオープンサイクルの蒸発器で作った水蒸気を使うことで、クローズドサイクルが塩分で汚染される危険がなくなります。クローズドサイクルの蒸発器から

第2章　再生可能エネルギー開発の現状と課題

は淡水が排出され、オープンサイクルの蒸発器からは濃縮海水が排出されます。いずれの発電方式でも表層水の取水と深層水の取水のためにポンプが必要です。

　NEDO[3]は海洋エネルギー資源利用推進機構（OEA-J: Ocean Energy Association-Japan）の海洋温度差分科会が試算した海洋温度差発電の発電コストに基づいて、数百 kW 以下の規模では海洋温度差発電の経済性を成り立たせるのは難しく、海水淡水化、漁場造成、冷熱利用、リチウムの回収などとの複合利用が望ましいが、1,000kW プラントなら 1kWh あたりの発電コストは約 50 円、1 万 kW なら約 20 円、10 万 kW なら約 10 円 に低減されるとしています。

　海洋温度差発電では、経済性を成立させるために平均的に 20℃程度の温度差が必要とされています。海の表層と深層 1,000m との温度差は赤道付近で大きく、インド、東南アジア、オーストラリア南部、メキシコ、ブラジル、アフリカ中部などの沖合が温度差に恵まれています。NEDO は日本の排他的経済水域（EEZ）内の発電ポテンシャルは 1 兆 3,680 億 kWh と算定しています[3]。出力に換算すると約 1 億 5,600 万 kW です。

　世界的にみても佐賀大学海洋エネルギー研究センターが先導的に研究開発を進め、1994 年にウエハラサイクルを開発し、現在も伊万里（30kW）、久米島（50kW）、インド（目標 1,000kW）で実証研究を継続しています。NEDO の「海洋エネルギー発電システム実証研究」（2017 年度終了予定）[6]ではジャパンマリンユナイテッド・佐賀大学の海洋温度差発電がステージゲートを通過して実証試験に進んでいます。

潮汐発電

　潮汐発電は潮汐の水位差を使ったいわば水力発電で、潮汐力発電とも呼ばれます。主な方式として 1 貯水池 1 方向発電、1 貯水池 2 方向発電、2 貯水池 1 方向発電があります。1 貯水池 1 方向発電は湾の入り口を堤防で塞いで貯水池とし、堤防の一部を水門と発電所にして上げ潮で発電して下げ潮で排水する設計と下げ潮で発電して上げ潮で貯水する設計があります。

－52－

1貯水池2方向発電は同様に貯水池をつくり堤防の一部を上げ潮・下げ潮どちらでも発電ができる可変翼の水車を持った発電所とします。2貯水池1方向発電は水門付の貯水池を二つ作って一方は潮位が高いときだけ開門して貯水池の水位を高く保ち、他方は潮位が低いときだけ開門して貯水池の水位を低く保ち、二つの貯水池の間に発電所を置いて常時発電ができます。

　一般に潮位差5m以上が実用化の目安となっていて、1967年に運転開始したフランスのランス潮汐発電所24万kWや2011年に運転開始した韓国の始華（シファ）湖潮汐力発電所25万4,000kWなどがあります。日本では最も好条件の有明海でも最大潮位差4.9mであり、ポテンシャルは小さいとされていて、国内で稼働しているプラントはありません。

実証試験フィールド

　海洋エネルギー利用はスコットランドが世界を先導しており、特に世界最大の海洋エネルギー専用実証試験サイトであるEMEC（European Marine Renewable Energy Centre）は豊富な知見・ノウハウを有しています。日本でも海洋エネルギーの実証にむけて内閣官房総合海洋政策本部により「海洋再生可能エネルギー利用促進に関する今後の取組方針」（2012）が決定され、2014年7月に6海域が海洋再生可能エネルギー実証フィールドに選定され、2015年に岩手県釜石市沖、2017年に鹿児島県十島村口之島・中之島周辺海域が追加選定されて表2.8-1に示す8海域になりました[7]。

表2.8-1 国内における海洋再生可能エネルギー実証フィールド

出典：内閣官房総合海洋政策本部事務局[7]

都道府県	海域	エネルギーの種類
岩手県	釜石市沖	波力、浮体式洋上風力
新潟県	粟島浦村沖	海流(潮流)、波力、浮体式洋上風力
佐賀県	唐津市加部島沖	潮流、浮体式洋上風力

第2章　再生可能エネルギー開発の現状と課題

長崎県	五島市 久賀島沖	潮流
	五島市 椛島沖	浮体式洋上風力
	西海市 江島・平島沖	潮流
沖縄県	久米島町	海洋温度差
鹿児島県	十島村口之島・中之島周辺海域	海流

海洋エネルギー利用による環境影響

　NEDO の「国内外の海洋エネルギー利用事例における海域等への影響に関する調査」(2015)[8] では魚類・海産哺乳類の衝突リスク、騒音・水中騒音、水質などの影響要因が挙げられています。また、高栄養の深層水をサンゴ礁へ放水しないレイアウトをとる、油圧部分に生分解性の油を使うなどの事例が見られます。

参考文献　2.8.1 海洋エネルギー発電
(1) 船舶海洋工学会：「日本における海洋再生可能エネルギーの実用・利用に向け、何が必要で、何処まで準備出来ているのか。」、P-22 研究委員会 最終報告書、2011
(2) 池野正明：「海洋エネルギー利用発電技術の現状と課題」、電力中央研究所 調査報告 V10002、2011
(3) NEDO：再生可能エネルギー技術白書（第 2 版）、第 6 章 海洋エネルギー、2013
(4) NEDO：「風力等自然エネルギー技術研究開発 洋上風力発電等技術研究開発 海洋エネルギーポテンシャルの把握に係る業務」、2011
(5) 高橋 重雄：「日本周辺における波パワーの特性と波力発電」、港湾技術研究資料 No.654、1989
(6) NEDO 新エネルギー部：海洋エネルギー技術研究開発中間評価（平成 23 年度〜29 年度終了予定　7 年間）プロジェクトの概要、2016 年 9 月 20 日〜21 日の分科会資料 5
(7) 内閣官房総合海洋政策本部：「海洋再生可能エネルギー実証フィールドの選定結果について」2014 年 7 月 15 日、「海洋再生可能エネルギー実証フィールドの追加選定について」2015 年 4 月 3 日、「海洋再生可能エネルギー実証フィールドの追加選定について」2017 年 6 月 29 日
(8) NEDO：平成 26 年度〜平成 27 年度成果報告書 海洋エネルギー技術研究開発 海洋エネルギー発電技術共通基盤研究 国内外の海洋エネルギー利用事例における海域等への影響に関する調査、2016 年 03 月 23 日公開、管理番号 20160000000075、プロジェクト番号 P07015、委託先 一般財団法人電力中央研究所 株式会社三菱総合研究所

2.8.2 高温岩体発電
高温岩体発電の原理

　高温岩体発電は地下にある高温（200〜300℃）で透水性の低い岩盤（いわゆる高温岩体、Hot Dry Rock の訳）に坑井（注入井）を掘削し、この坑井から水を圧入する水圧破砕などによって亀裂を進展させ、亀裂内で加熱され熱水となった人工の熱水の溜まり場、人工貯留層を貫くように別の坑井（生産井）を掘削して、人工貯留層内の熱水を地表に取り出して発電します。発電に利用した熱水は注入井から再び人工貯留層に圧入することで地表と人工貯留層との間で水を循環させて、地下の熱エネルギーのみを取り出し、ほぼゼロエミッションで発電ができます。

エネルギー賦存量

　地球の陸地では100m深くなる毎に温度が約 3℃上昇します。したがって、火山国だけでなく、活動している火山がない地域でも、地下 4,000 m〜5,000 m では 200℃程度の温度になるところがあります。わが国の主な高温岩体資源は北海道、東北、九州に分布しており[1]、NEDO が地熱開発促進調査を実施した29 地域の深さ3km 以浅を対象とした資源量は、2,900 万 kW×20 年と評価されています[2]。

高温岩体発電開発の現状

　2006 年にフランスのドイツ国境に近い Soultz-sous-Forêts で 2,500kWe の発電所が運転を開始しました[3]。また、オーストラリアでは 2002 年から南オーストラリア州クーパーベイズンにおいて、深さ 5,000m 級の坑井を用いて、温度 270℃の岩盤に人工貯留層を造成し、2013 年には地下水を用いた水の循環により 1,000kWe の発電を実施しました[4]。

　わが国では、国家プロジェクトとして NEDO が山形県肘折地点において、深さ 2,000m 級の坑井を用いて深さの異なる 2 段の人工貯留層を造成して、2 本の坑井から水を圧入し、2 本の坑井から蒸気を生産する循環システムを構築しました。2002 年から 2004 年にかけて実施した約 2 年間の循環実験では熱出力約 9,000kWt を達成し、生産された熱水や蒸気を用いて 50 kWe の発電も行われました[5]。また、電力中央研究所は秋田県雄勝地点において深さ

1,000m で温度 230℃の岩盤を対象として、1 本の坑井から深さの異なる 2 段（深さ 1,000m と 719 m）の人工貯留層を造成し、2002 年までに最長 5 ヶ月間の循環実験を実施し、1,000〜1,500kWt の熱出力を得ました[1]。

高温岩体発電技術の応用

最近では高温岩体発電技術の在来地熱開発への適用が図られています。例えば、アメリカのガイザース地熱発電所では、蒸気生産量が減衰した貯留層へ地表水を注入（貯留層涵養）[6]することによる蒸気生産量の回復が試みられており、ドイツのランダウでは水圧破砕による亀裂の拡大により貯留層内外の透水性を改善（貯留層改善）[7]し、熱水の生産量を増加させて発電出力を増大させることにより 2,500kWe の商業発電が行われています。これらは高温岩体発電（貯留層造成）技術も含めて地熱増産システム（Enhanced Geothermal Systems、 EGS）と呼ばれ、技術開発と現場での実証が進められています[8]。さらに、より地下深部で高温領域の開発を目指した延性領域地熱開発も検討されています[9]。なお、地下への大量の水の圧入や生産に伴って有感地震が発生することがあり、環境影響評価の項目として地震観測の重要性が高まっています[8]。

高温岩体発電の実用化の見通し

近年、地球温暖化対策において再生可能エネルギーとして地熱開発も国の支援を得て進められており、高温岩体発電技術も EGS 技術として、既に在来地熱開発で適用されています。また、高温岩体発電で開発された水圧破砕による亀裂造成や AE[*]観測などによる亀裂の評価などの要素技術は、シェールオイル開発や二酸化炭素(CO_2)の地中貯留などでも活用されており、地下開発における重要な要素技術となっています。

＊AE（Acoustic Emission）は岩盤の亀裂や変形に伴って放出される弾性波で、数 10kHz〜数 MHz の高周波帯域で観測され、岩盤内部の状況把握に利用されます。

今後は、このような他分野への技術展開も進めるとともに、国内の高温岩体資源の再評価をはじめ、新たな技術開発や実証実験の実施などにより、発電コストの低減が図れれば、NEDO の地熱開発促進調査で高温岩体と評価された地点での実用化も近いと思われます。

参考文献 2.8.2 高温岩体発電

(1) 電力中央研究所、未利用地熱資源の開発に向けて-高温岩体発電への取り組み-、 電中研レビュー49、2003 年

(2) 佐藤 嘉晃、1996、NEDO 高温岩体技術開発 肘折高温岩体実験場の経緯を中心として、地熱、Vol.33、 No.2、 pp.62-76.

(3) Genter A., Nicolas, C., Xavier, G., Bernd, M., Bernard, S., and Julia, S., 2012, Status of the Soultz Geothermal Project during Exploration between 2010 and 2012, Proceedings of the 37th Workshop on Geothermal Reservoir Engineering, Stanford University, Stanford, California, SGP-TR-194.

(4) Wyborn, D., 2012, The Innamincka Enhanced Geothermal System (EGS) - Dealing with the Overpressures, Proceedings of the 2012 Australian Geothermal Energy Conference, pp.251-258.

(5) 川崎 耕一、 菊地 恒夫、 及川 寧己、 2002、 高温岩体発電システムの開発-NEDO 肘折プロジェクト-、 地熱、 Vol.39、 No.3、 23-37.

(6) Stark, A., Box Jr, W. T., Beall, J. J., Goyal, K. K. and Pingol, A. S., 2005, The Santa Rosa - Geysers Recharge Project, Geysers Geothermal Field, California, USA, Proceedings of the World Geothermal Congress 2005, Antalya, Turkey.

(7) Baumgoertner, J., Menzel, H., and Hauffe, P., 2007, The geox GmbH Project in Landau - The First Geothermal Power Plant Project in Palatinate / Upper Rhine Valley, Proceedings of the First European Geothermal Review, Mainz, Germany, p.33.

(8) 海江田 秀志、 2015、 地熱増産システム (EGS) 技術開発の現状と課題、電力中央研究所調査報告書:N14017.

(9) 村岡 洋文、 浅沼 宏、 伊藤 久男、 2013、 延性帯地熱系の把握と涵養地熱系発電利用への展望、 地学雑誌、 122、 pp.343-362.

コラム6　福島再生可能エネルギー研究所

　国立研究開発法人産業技術総合研究所（産総研）は 2014 年 4 月、郡山市に福島再生可能エネルギー研究所(FREA)を開所しました。FREA は❶再生可能エネルギーの導入制約を解消するためのシステム技術開発、❷一層のコスト低減と性能向上、❸適正な技術普及のためのデータベース構築、提供を目標として以下の研究に取り組んでいます。

❶導入制約を解消するためのシステム技術開発では、時間的に変動する大量の再生可能エネルギーを、パワーエレクトロニクス、情報技術や水素貯蔵技術等を駆使して最大限利用する技術の開発・実証、再生可能エネルギーからの電気で水を分解して水素を作り、水素キャリア*として貯蔵し、必要な時に水素を取り出して利用する技術の開発を進めています。

* 水素キャリア：アンモニア（1ℓ で水素ガス 1,300ℓ を貯蔵）など

❷一層のコスト低減と性能向上では、LIDAR*と情報技術を用いて大型風車の稼働率と寿命を向上させる制御技術や、音響計測を駆使したアセスメント技術の開発、薄型結晶シリコンセルを用いた太陽電池モジュールの低コスト化・高効率化・高信頼性化技術の確立、スマートスタック技術**を利用した次世代高効率セルの開発を進めています。

* LIDAR：レーザー光によって風向・風速をリモート計測する装置
** スマートスタック技術：ナノテクノロジーを用いた太陽電池の接合技術

❸適正な技術普及のためのデータベース構築、提供では、最新の地熱探査技術の開発、それを駆使した地熱資源の詳細なデータベースの構築、地質や地下水のデータに基づく地中熱ポテンシャルマップの作成、地域の地下特性・熱需要に合った熱交換システムの普及を進めています。

　こうした活動に産総研の電池技術研究部門、太陽光発電研究センター、先進パワーエレクトロニクス研究センター、地質調査総合センターなどと協力して取り組むとともに、結晶シリコン太陽電池基盤技術コンソーシアムを設立して企業との共同研究も進めています。

コラム7　蓄電池と水素エネルギー貯蔵

　風力発電、太陽光発電の電気を貯めて使う技術として期待されている蓄電池（二次電池）と水素エネルギー貯蔵について、NEDO がそれぞれ技術開発ロードマップを発表しています。

　NEDO 二次電池技術開発ロードマップ 2013 では、自動車用と定地用の二次電池ロードマップが掲げられています。定地用は既に鉛蓄電池で普及しているバックアップ用と同様にコストと寿命が重要視されます。寿命については、現在市販されている長寿命の鉛蓄電池を参考に、「系統用」では 2020 年に 20 年、「需要家用」では 2020 年に 15 年、2030 年に 20 年を目標としています。コストはセルで見るか、モジュールで見るか、電池システムで見るかによって大きく異なりますが、定置用二次電池は、エネルギーマネジメントシステムと一体として運用される他、用途に合わせた充放電や交流〜直流変換が求められるため、電池管理システムやパワーコンディショニングシステム（PCS）等を含めた「電池システム」コストの目標を示しています。系統用は 2020 年頃を導入初期、2030 年頃を本格導入期と想定していて、そのうち現状で 5〜10 万円/kWh となっている長周期変動調整用は代替手段である揚水発電の設置コストと同額の 2 万 3,000 円/kWh、現在は主に火力発電で対応している 20 分程度までの短周期変動の調整用は現状の 20 万円/kW に対して 8 万 5,000 万円/kW を導入初期の目標とし、長周期・短周期とも本格導入に向けて更なる低コスト化を期待するとしています。需要家用では、現状コスト 5〜60 万円/kWh の中規模グリッド・工場・ビル・集合住宅用、10〜25 万円/kWh の家庭用、20〜40 万円/kWh の無線基地局・データセンターバックアップ電源用について、それぞれ普及に向けて更なる低コスト化を期待するとしています。

　NEDO 燃料電池・水素技術開発ロードマップ 2010 では、水素製造・輸送・貯蔵・供給と燃料電池についてロードマップを掲げています。また、NEDO 水素エネルギー白書（2015 年 2 月）では、国内外の取組み、水素エネルギーの技術、市場性、社会受容性等についてまとめています。

第3章　再生可能エネルギー開発に係る制度

第3章 再生可能エネルギー開発に係る制度
３．１　エネルギー関連の支援制度、FIT 制度

支援制度の概要

　経済産業省資源エネルギー庁が作成した「再生可能エネルギー事業支援ガイドブック」[1]には再生可能エネルギーに関連する補助金や税制優遇をはじめとした種々の情報がまとめられています。はじめに、再生可能エネルギー事業を企画するのに参考となる支援施策活用事例を紹介しています。つづいて、FIT 制度の基本的な仕組み、事業用地の選定・使用、設備の設計・施工に必要な主な許認可手続、そして事業に必要な資金調達をサポートする施策や事業の導入を促進するための施策を 1.設備導入、2.実証・モデル事業、3.調査、4.研究開発・その他に分けて紹介しています。このガイドブックは web 版が http://new-energy-guide.jp で公開されています。

　支援の方法は、事業費の何割かを国が負担する助成制度の他に、有利な利率での融資制度（利子補給制度）、優遇税制、起債制度などがあります。支援の対象は、地方公共団体、企業、NPO、個人などです。紹介されている支援制度は地方公共団体に適用可能なものが４割程度、企業に適用できるものが 7 割程度、NPO や個人に適用できるものがそれぞれ 1 割程度となっています。支援策は経済産業省系が担当するものが最も多く、環境省、農林水産省、国土交通省、財務省も支援策を用意しています。

再生可能エネルギーに共通する支援制度の例[1]

再生可能エネルギー事業者支援事業費補助金（経済産業省）

　地域における再生可能エネルギー利用の拡大を加速するため、民間事業者が導入する太陽熱・バイオマス・地中熱等を利用した熱利用設備や、自家消費向けの太陽光発電・バイオマス発電等の発電システム、蓄電池の費用を補助します。

独立型再生可能エネルギー発電システム等対策費補助金（経済産業省）

　FIT 制度の対象とならない自家消費向けの再生可能エネルギー発電システム設備の導入に対し、その導入費用の一部を補助します。

再生可能エネルギー発電設備等導入促進支援対策事業（経済産業省）

－60－

東日本大震災後の電力供給不足への懸念に対応し、かつ、被災地の再生可能エネルギーを中核とした雇用創出と関連産業の活性化を図るために、被災地における再生可能エネルギー発電設備の導入に対し、その導入費用の一部を補助します。

再生可能エネルギー発電設備に係る課税標準の特例措置（固定資産税）（財務省）

太陽光発電、風力発電、中小水力発電、地熱発電、バイオマス発電の設備について、固定資産税が課せられることとなった年度から 3 年分の固定資産税に限り、課税標準価格を軽減します。軽減率について、各自治体が一定の幅で独自に加減できる「わがまち特例」の対象です。グリーン投資減税との併用ができます。

風力など種類を限定した支援制度の例[1]

再生可能エネルギー発電設備耐力調査費補助金（経済産業省）

風力発電所や発電用ダムの耐力等を確認するために、超音波等を用いた新たな検査手法を導入する事業者に対し、事業費の一部を補助します。

風力発電等に係るゾーニング導入可能性検討モデル事業（環境省）

ゾーニング手法の確立と普及を目的として、モデル地域として公募により選定された地方公共団体がゾーニング（環境保全を優先すべきエリア、再生可能エネルギーの導入を促進するエリア等の設定）を実践する事業について委託業務に必要な経費を補助します。

太陽光発電システム維持管理及びリサイクル技術開発（NEDO）

太陽光発電システムの PCS（パワーコンディショナー）等周辺機器の高機能化、BOS*コスト低減、維持管理技術の高度化及び太陽光パネルの低コストリサイクルに関する技術開発について NEDO からの委託又は NEDO との共同研究（NEDO 負担率 2/3）として支援します。

＊BOS：Balance of system モジュール以外の機器、工事

地熱資源探査出資等事業（JOGMEC 地熱部）

地熱資源の探査や発電に必要な井戸の掘削、発電設備の設置等に対して出資・債務保証を行い、地熱資源開発を推進します。

第3章　再生可能エネルギー開発に係る制度

小水力等再生可能エネルギー導入推進事業（農林水産省）

　農業水利施設を活用した小水力等発電に係る調査設計等を支援します。また、小水力等発電施設の導入に係る土地改良区等の技術力向上のための研修会等の取組を支援します。

小水力発電プロジェクト形成支援窓口（国土交通省）

　小水力設置事業者が円滑に河川法の手続を行えるよう、国土交通省地方整備局等及び河川事務所に設置した窓口を通じ、小水力発電のプロジェクト形成を支援します。

地域バイオマス産業化推進事業（農林水産省）

　内外の経済的社会的環境に応じた安定的かつ適切なエネルギー需給構造の構築を図るため、バイオマス及び雪氷冷熱に係る未活用エネルギーの事業調査に要する経費に対して補助します。

FIT制度の概要

　FIT は太陽光、風力、水力、地熱、バイオマス（廃棄物を含む）の各再生可能ネルギーを用いて発電された電気を国が定める固定価格で一定期間、電気事業者が全量買取ることを義務付けた制度です。電気事業者が買取に要した費用は、電気料金の一部として、使用電力に比例した賦課金という形で回収されます。ただし、電力多消費事業者の国際競争力の維持・強化の観点から、一定の基準を満たす事業所については、経済産業大臣の認定を受けることにより、賦課金の減免措置の適用を受けることができます。調達価格、調達期間は調達価格等算定委員会の意見を尊重して経済産業大臣が設定します。賦課金の 1kWh 当たりの単価は経済産業大臣が決定します。回収した賦課金は費用負担調整機関が各電気事業者に分配します。FIT の対象設備としての認定は安定的かつ効率的に発電できるか等を確認した上で経済産業大臣が行います。要件を満たさなくなった場合には認定が取消されます。

FIT 法改正による新制度[2]

　FIT 法は太陽光に偏った導入、国民負担の増大、電力システム改革を背景

－62－

に改正され、2017年4月に施行されました。新しいFIT制度のポイントは以下のようなものです。

新認定制度の創設：未稼働案件の排除と新たな未稼働案件発生を防止する仕組みとして認定取得から運転開始までを運転開始期間とし、太陽光10kW以上は3年（超過の場合、調達期間短縮）、10kW未満は1年（超過の場合、認定失効）と設定。適切な事業実施を確保する仕組みとして設備認定を事業計画認定に変更し、メンテナンスや設備撤去・処分等の計画の適切性も含めて審査の上で認定。

コスト効率的な導入：特別高圧連携が必要で競争による価格低減効果が期待される2,000kW以上の大規模太陽光発電について入札制度を導入し、第1回〜第3回で合計100万〜150万kWを募集する。第1回の上限価格は入札対象外の事業用太陽光と同額。

買取価格目標の設定：FITからの自立を目指して以下のように中長期的な価格目標を設定し、調達価格の決定においてこれを勘案。

非住宅用太陽光：2020年に発電コスト14円/kWh、2030年に7円/kWh
住宅用太陽光：2019年に調達価格が家庭用電気料金並み、2020年以降、早期に売電価格が電力市場価格並み
20kW以上の陸上風力：発電コスト8〜9円/kWh

他に環境影響評価手続きの迅速化、技術開発による開発リスク・コストの低減などで自立化を促進。

リードタイムの長い電源の導入：地熱・風力・水力等の電源の導入拡大を後押しするため、複数年買取価格をあらかじめ提示。風力・地熱についてリプレースの価格区分を創設し、既設の発電設備の廃止予定時期の2年前の時点からリプレース案件のFIT認定を取得可能。

賦課金減免制度の見直し：制度の趣旨である国際競争力の維持・強化を徹底するとともに、事業の種類や電気の使用に係る原単位の改善に向けた取組みの状況に応じて減免率（8割、4割、2割）を適用。

送配電買取への移行：FIT電気の買取義務者を小売り事業者から送配電事業者に変更し、平等・公平の条件で買取が行われるように全ての一般送配電事業者共通の「送配電買取要綱」を定め、国がその内容と実際の買取

第3章　再生可能エネルギー開発に係る制度

の適切性を確認。送配電事業者が買取った電気は、原則として卸電力取引市場に卸され、小売り電気事業者は市場を経由して調達。

調達価格と調達期間[3]

2017年度の調達価格は表3.1-1のとおりです。太陽光 10ｋＷ以上2,000kW未満と風力 20ｋＷ未満以外は３年先までの価格が設定されています。地熱、水力、バイオマス、洋上風力は３年先まで同額、太陽光 10ｋＷ未満と陸上風力は価格の逓減が織り込まれています。調達期間は風力、水力、バイオマスが20年、地熱が15年、太陽光は10kW以上が20年、10kW未満が10年です。

表 3.1-1　2017年度の FIT 調達価格　＊は新設された区分

出典：経済産業省ホームページ[3]

電源と調達区分	調達価格（／ｋＷh）		
	2017年度	2018年度	2019年度
太陽光 10kW以上2,000kW未満	21円＋税	―	―
太陽光 2,000kW以上	入札制　第１回は2017年10月頃		
太陽光 出力制御対応機器設置義務なし 10ｋＷ未満＊	28円	26円	24円
太陽光 出力制御対応機器設置義務あり 10ｋＷ未満＊	30円	28円	26円
太陽光 出力制御対応機器設置義務なし ダブル発電 10ｋＷ未満＊	25円	24円	
太陽光 出力制御対応機器設置義務あり ダブル発電 10ｋＷ未満＊	27円	26円	
風力 20ｋＷ未満	55円＋税	―	―
風力（陸上風力）20ｋＷ以上＊	10月から 21円＋税	20円＋税	19円＋税
風力（陸上風力リプレース）20ｋＷ以上＊	18円＋税	17円＋税	16円＋税
風力（洋上風力）20ｋＷ以上	36円＋税		
地熱 1万5,000kW以上	26円＋税		
地熱 1万5,000kW未満	40円＋税		

－64－

3.1 エネルギー関連の支援制度、FIT 制度

地熱（全設備更新型リプレース）1 万 5,000kW 以上＊	20 円＋税
地熱（全設備更新型リプレース）1 万 5,000kW 未満＊	30 円＋税
地熱（地下設備流用型リプレース）1 万 5,000kW 以上＊	12 円＋税
地熱（地下設備流用型リプレース）1 万 5,000kW 未満＊	19 円＋税
水力 5,000kW 以上 3 万 kW 未満＊	2017 年 10 月から　20 円＋税
水力 1,000kW 以上 5,000kW 未満＊	27 円＋税
水力 200ｋW 以上 1,000kW 未満	29 円＋税
水力 200ｋW 未満	34 円＋税
水力（既設導水路活用型）5,000kW 以上 3 万 kW 未満＊	12 円＋税
水力（既設導水路活用型）1,000kW 以上 5,000kW 未満＊	15 円＋税
水力（既設導水路活用型）200ｋW 以上 1,000kW 未満	21 円＋税
水力（既設導水路活用型）200ｋW 未満	25 円＋税
バイオマス　メタン発酵ガス（バイオマス由来）規模区分なし	39 円＋税
バイオマス　間伐材等由来の木質バイオマス 2,000kW 以上	32 円＋税
バイオマス　間伐材等由来の木質バイオマス 2,000kW 未満	40 円＋税
バイオマス（一般木質バイオマス・農産物の収穫に伴って生じるバイオマス）2 万 kW 以上	2017 年 10 月から　21 円＋税
バイオマス（一般木質バイオマス・農産物の収穫に伴って生じるバイオマス）2 万 kW 未満＊	24 円＋税
バイオマス（建設資材廃棄物）規模区分なし	13 円＋税
バイオマス（一般廃棄物・その他のバイオマス）規模区分なし	17 円＋税

FIT の賦課金[3]

　2017 年度の賦課金単価は 1kWh 当たり 2.64 円です。その算定根拠は次の式のとおりです。

　　賦課金単価 2.64 円／kWh

　　＝（買取費用 2 兆 7,045 億円－回避可能費用 5,644 億円

　　　　　＋費用負担調整機関事務費 2.9 億円）÷販売電力量 8,106 億 kWh

ここで、買取費用、回避可能費用、販売電力量は 2017 年度の推定値で、新たに運転を開始する再生可能エネルギー発電設備の増加を加味しています。回避可能費用とは再生可能エネルギー電力の買取によって火力等の発電を免れることが出来る費用です。販売電力量は減免費用のうち賦課金負担と

－65－

第3章　再生可能エネルギー開発に係る制度

なる分の電力量を控除した値です。推測値と実績値の差分については、翌々年度の再エネ賦課金単価で調整することになっています。

　賦課金は標準家庭（一ヶ月の電力使用量が 260kWh）で年額 8,232 円、月額 686 円の負担となりました。

設備認定[4]

　FIT 制度で売電するためには、事前に設備の認定を必ず受ける必要があります。設備認定とは、法令で定める要件に適合しているか国において確認するもので、太陽光発電の認定基準は表 3.1-2 のとおりです。

表 3.1-2　太陽光発電の FIT 認定基準

出典：資源エネルギー庁ホームページ[4]

	10kW 未満 （ダブル発電含む※1）	10kW 以上 （屋根貸し含む※2）
満たさねばならない基準	A+B+C	A+B+D
A	○調達期間中、導入設備が所期に期待される性能を維持できるような保証又はメンテナンス体制が確保されていること ○電気事業者に供給された再生可能エネルギー電気の量を計量法に基づく特定計量器を用い適正に計量することが可能な構造となっていること ○発電設備の内容が具体的に特定されていること（製品の製造事業者及び型式番号等の記載が必要）。 ○設置にかかった費用（設備費用、土地代、系統への接続費用、メンテナンス費用等）の内訳及び当該設備の運転にかかる毎年度の費用の内訳を記録し、かつ、それを毎年度1回提出すること。 ○【既存設備のみ適用】 　既存の発電設備の変更により再生可能エネルギー電気の供給量を増加させる場合にあっては、当該増加する部分の供給量を的確に計測できる構造であること	
B	○パネルの種類に応じて定める以下の変換効率以上のものであること。 （フレキシブルタイプ、レンズ、反射鏡を用いるものは除く。） ・シリコン単結晶・シリコン多結晶系　　13.5%以上 ・シリコン薄膜系　7.0%以上 ・化合物系　8.0%以上	

C	○JIS 基準（JISC8990、JISC8991、JISC8992-1、JISC8992-2）又は JIS 基準に準じた認証（JET（一般財団法人電気安全環境研究所））による認証等を受けたもの。 ○余剰配線（発電された電気を住宅内の電力消費に充て、残った電気を電気事業者に供給する配線構造）となっていること。 ○【ダブル発電のみ適用】 逆潮防止装置があること。
D	○【屋根貸しのみ適用】 (1) 全量配線となっていること。 (2) 設置場所が住宅の場合は居住者の承諾を得ていること。

※1 太陽光発電を蓄電池・エネファーム・電気自動車などと併用すること
※2 発電事業者が一定の面積を有する屋根を借りて太陽光発電設備を設置すること

　表中の基準 A はすべての再生可能エネルギーについて共通です。風力発電は基準 A と下記の基準 E を求めています。洋上風力は建設及び運転保守のいずれの場合にも船舶等によるアクセスを必要とするものとしています。地熱発電は基準 A だけです。水力発電は基準 A と下記の基準 F を求めています。バイオマス発電はメタン発酵ガス（バイオマス由来）と一般廃棄物・その他のバイオマスについて基準 A と下記の基準 G、間伐材等由来の木質バイオマス、一般木質バイオマス・農作物残さ、建設資材廃棄物について基準 A と下記の基準 G と H を求めています。

基準 E
　○JIS 基準（JISC1400-2）または JIS 基準に準じた認証（JSTWA（日本の小型風力発電協会）が策定した規格の認証または JSTWA 認証相当の海外の認証機関の認証）

基準 F
　○発電機の出力が 3 万 kW 未満であること
　○揚水式発電ではないこと

基準 G
　○バイオマス比率を的確に算定できる体制を担保するとともに毎月 1 回当該バイオマス比率を算定できる体制を整えること
　○使用するバイオマス燃料について、既存産業等への著しい影響がないものであること
　○使用するバイオマス燃料について、その出所を示す書類を添付すること

基準 H
　○木質バイオマス（リサイクル木材を除く）を使用する発電については、「発電利用に供する木質バイオマスの証明のためのガイドライン」に基づく証明書を添付すること

－67－

第3章　再生可能エネルギー開発に係る制度

グリーンエネルギー証書制度とグリーンエネルギーCO_2削減相当量認証制度

　公的支援制度、FIT制度とは別に民間における再生可能エネルギー普及の取組みとしてグリーンエネルギー証書制度[5]があり、それを支援する公的制度としてグリーンエネルギーCO_2削減相当量認証制度[6]があります。

　グリーンエネルギー証書（グリーン電力証書・グリーン熱証書）は、グリーンエネルギーから得られた電気・熱を、電気・熱そのものの価値とグリーンエネルギーとしての環境付加価値とに切り離し、環境付加価値を証書にしたものです。グリーンエネルギー証書制度は電力・熱需要家が使用電力量・熱量に応じてグリーンエネルギー証書を購入し、その資金がグリーンエネルギー事業者に提供されることにより、再生可能エネルギーの普及拡大を支援する仕組みです。設備認定とエネルギー量認証を行っている認証機関は一般財団法人日本エネルギー経済研究所グリーンエネルギー認証センター[7]です。

　資源エネルギー庁と環境省が共同で創設したグリーンエネルギーCO_2削減相当量認証制度[6]は民間で取引されているグリーンエネルギー証書について、証書のCO_2排出削減価値を国が認証することにより、地球温暖化対策推進法に基づく算定・報告・公表制度における国内認証排出削減量として活用できるようにするものです。本制度により、グリーンエネルギー証書の付加価値が高まり、グリーンエネルギー証書の取引拡大を通じて、再生可能エネルギーの更なる拡大が期待できます。

参考文献　3.1エネルギー関連の支援制度、FIT制度
(1) 経済産業省資源エネルギー庁：再生可能エネルギー事業支援ガイドブック　平成29年度版
(2) 資源エネルギー庁：改正FIT法による制度改正について、平成29年3月
(3) 経済産業省ホームページ：再生可能エネルギーの平成29年度の買取価格・賦課金単価等を決定しました、ニュースリリース、2017年3月14日
(4) 資源エネルギー庁ホームページ：再生可能エネルギーの固定価格買取制度が変わりました、設備認定について
(5) 資源エネルギー庁新エネルギー対策課：グリーンエネルギー証書について、平成23年9月1日
(6) 資源エネルギー庁ホームページ：グリーンエネルギーCO_2削減相当量認証制度　概要
(7) 日本エネルギー経済研究所ＨＰ：グリーンエネルギー認証センター／概要／グリーンエネルギー認証センターの位置付けと設備認定・電力量認証フロー：設備認定および電力量・熱量認証フロー

３．２再生可能エネルギー開発の許認可手続き

発電所の設置の事業としての許認可手続き

　使用する再生可能エネルギーの種類に関係なく、一般に発電所を建設する際には大別して以下のような許認可が必要です。

　　事業関連法の許認可

　　建築基準法の許認可

　　国土整備法の許認可

　　環境法上の許認可

　　教育・文化法上の許認可

許認可手続きの詳細は経済産業省資源エネルギー庁「再生可能エネルギー事業支援ガイドブック（平成 28 年度版）」[1]に記載されています。

事業関連法の許認可

電気事業法

　他人の需要に応じて電気を供給する「電気事業」は、全て電気事業法の規定に従って営まれなければなりません。電気事業法において、発電所を設置するという行為は、大別すると次の 3 種類の許認可または届出の対象となります。

　　①電気事業の許可（法第 3 条）

　　②発電事業の届出（法第 27 条の 27）

　　③電気工作物の工事計画の認可（法第 47 条）または届出（法第 48 条）

熱供給事業法

　海外のバイオマス発電所等にみられるように、再生可能エネルギーを原動力とする発電所が、コジェネとして熱電併給を行なう場合があります。この場合、発電所は一般の需要に応じて熱（加熱され、若しくは冷却された水又は蒸気）を供給する「熱供給事業」のための「熱供給施設」にも該当します。従ってその発電所の事業者は、熱供給事業法の規定に従って熱供給事業をも営まれなければなりません。熱供給事業法において、熱供給施設を設置するという行為は、大別すると次の 3 種類の許可または届出の対象となります。

①熱供給事業の許可（法第3条）

②供給区域等の変更の許可（法第7条）

③導管の工事計画の届出（法第21条）

森林法

全国の森林は、農林水産大臣等が立案する「森林計画」の対象となります。森林は、私有林であっても純然たる私有財産ではなく、災害の防止等の公益を目的とした規制を受けます。保安林では林業以外の開発行為は事実上できません。開発事業の実施区域が保安林に指定されている場合は、事業者は、都道府県知事に対して、その指定の解除の申請をし、許可を受けなければなりません。

農地法

農業以外の開発事業の用地として農地、採草放牧地を転用する場合は、単純な用地買収では済まず、農地法の許可が必要です。牧草地に風力発電用風車を設置する場合等がこれに該当すると考えられます。4ha 以下の場合は都道府県知事の許可、4ha を超える場合は農林水産大臣の許可を受けなければなりません。

農業振興地域の整備に関する法律

エネルギー施設が農業地帯に位置する場合は、農地法が規定する「農地」の他、農業振興地域の整備に関する法律で定めるところの「採草放牧地」をあわせた「農用地」においても開発行為の制限があるので、農業振興地域と農用地区域の指定の有無を確認することが必要です。

建築基準法の許認可

建築基準法

建築基準法は発電所等の比較的大規模な開発事業に限らず社会生活全般に適用される法律ですが、再生可能エネルギー施設の建設にあたっては、建築確認の申請書を提出して建築主事の確認を受け、確認済証の交付を受けなければなりません。確認申請が必要となる工作物には以下のようなものがあります。

高さが6mを超える煙突

高さが 15m を超える鉄筋コンクリート造りの柱・鉄柱・木柱等

高さが 8m を超える高架水槽、サイロ、物見塔等

高さが 2m を超える擁壁

製造施設、貯蔵施設等

汚物処理場、ごみ焼却場

国土整備法の許認可

地すべり等防止法

指定された地すべり防止区域においては、地下水を誘致し、又は停滞させ、地下水を増加させるもの、地下水の排水施設の機能を阻害する場合、都道府県知事の許可を受けなければなりません。

急傾斜地の崩壊による災害の防止に関する法律

指定された急傾斜地崩壊危険区域において水を放流し、又は停滞させる行為その他水のしん透を助長する行為、ため池、用水路などを設置又は改造する場合、都道府県知事の許可を受けなければなりません。

公有水面埋立法

公有水面の埋立を必要とする場合は、規模に関らず公有水面埋立の免許が必要です。まず、都道府県知事の免許を受けなければなりません。また、港湾区域内の公有水面の埋立については、免許権者は港湾管理者の長となります。この免許を取得するためには、埋立の計画が 1) 国土利用上適正かつ合理的であること、2) 環境保全及び災害防止について十分配慮したものであること等、多くの要件があります。

海岸法

公共の海岸に発電所等を設けて海岸を占用する場合、または土石を採取する場合は、海岸管理者（都道府県知事、市町村長、港湾管理者の長等）の許可が必要です。

都市計画法

都市計画区域、準都市計画区域に立地する場合、都道府県知事の許可が必要です。

都市公園法

都市公園内に立地する場合、公園管理者の許可が必要です。

景観法

景観地区には厳しい規制が課されています。

都市緑地法

緑地保全地域に立地する場合は都道府県知事等に届出が必要です。特別緑地保全地区では都道府県知事等の許可が必要です。

首都圏近郊緑地保全法

近郊緑地保全区域内に立地する場合、都県知事に届出が必要です。

近畿圏の保全区域の整備に関する法律

近郊緑地保全区域内に立地する場合、府県知事に届出が必要です。

生産緑地法

生産緑地地区内に立地する場合、市町村長の許可が必要です。

環境法上の許認可

自然環境保全法

原生自然環境保全地域、自然環境保全地域に立地する場合、環境大臣の許可が必要です。また、全ての都道府県が自然環境保全条例を制定し、都道府県自然環境保全地域を指定しています。これらについても、国のものと同様の規制があります。指定の目的から考えて、それらの地域における開発事業の実施は一般に困難であると考えられます。

自然公園法

国立公園・国定公園に立地する場合、自然公園法の許可を受けるか、届出を受理されなければなりません。過去には、これらの手続を踏んで水力発電所等が国立、国定公園内に建設された事例が多くありました。しかし近年の自然保護重視の世論の高まりとそれに呼応した規制の強化の結果、特別地域と海中公園地区における新規開発は極めて困難となっています。普通地域についても、特別な事情がない限り、計画段階で極力回避しているのが現状です。

瀬戸内海環境保全特別措置法

エネルギー施設の構造物が特定施設に該当する場合、瀬戸内海では関係府県知事の許可が必要であり、厳しい規制が課されます。また、海岸が自然海浜地区に指定されている場合、施設の建設には届出が必要です。

また、関係府県が条例で指定した「自然海浜保全地区」に立地する場合は届出が必要で、勧告又は助言を受ける場合があります。

絶滅のおそれのある野生動植物の種の保存に関する法律

開発事業の実施区域に国内・国際希少野生動植物種の生息地、渡来地等が含まれている場合、事業者はその種の保存のために何らかの対策（回避等）を行なう必要に迫られます。特に、事業が法的に環境影響評価の対象となる場合は、確実に何らかの対策を講じることが求められます。

鳥獣の保護及び管理並びに狩猟の適正化に関する法律

鳥獣特別保護地区に立地する場合、環境大臣または都道府県知事の許可が必要ですが、その許可の取得は一般に困難です。特に、鳥獣特別保護地区の指定がラムサール条約指定湿地の保護の担保となっている場合等は、許可の取得は極めて困難です。

環境基本法

再生可能エネルギー施設の事業に伴って環境影響評価を行なう場合には、対象事業実施区域の周辺地域の現況の一つとして環境基準の数値を確認することが必要です。また、施設の建設と運用の両段階において、事業の実施によって環境基準が満足されなくなるような環境影響を発生させないことを、対外的に説明できる計画としなければなりません。

水質汚濁防止法

環境省令ならびに都道府県条例の排出基準を満足しない排水を公共用水域に排出することは禁止されています。汚水または廃液を排出する特定施設を設置する場合は、都道府県知事に届出が必要で、計画の変更または廃止を命ぜられることがあります。また、公共下水道がない山間部等に立地する発電所の便所・食堂、工事用作業員宿舎等について規制の対象なのか十分な確認が必要です。

土壌汚染対策法

　所有する土地の土壌が既に汚染されていることが判明した場合には、開発を行なうか否かに関係なく、汚染の除去等を命じられる可能性があり、開発も事実上できなくなります。従って、立地予定地が工場等の跡地である場合には、その土地の土壌汚染の有無について、十分な確認が必要です。

騒音規制法

　施設および工事用仮設備が著しい騒音を発生する施設として政令で定められた特定施設に該当する場合、騒音の大きさについて、「規制基準」が定められており、市町村長は、指定地域内において規制基準を満足しない特定工場等に対して、改善勧告または改善命令を出すことができます。指定地域内に特定施設を設置しようとする者は、市町村長に届出をしなければなりません。市町村長は届出の内容を審査し、特定施設の計画の変更を勧告することができます。なお、近傍に人家が存在しない山間部などが指定地域外である場合には適用されないと考えられます。しかし、資材の搬入経路が指定地域に含まれている場合には、騒音に対する配慮が必要になります。

振動規制法

　再生可能エネルギー施設および工事用仮設備が振動規制法において規定する特定施設に該当する場合、都道府県知事が定める規制基準あるいは市町村が条例で定めたより厳しい基準を満たす必要があります。

教育・文化法上の許認可

文化財保護法

　指定文化財が開発事業の影響を受ける区域内に存在する場合に必要な法的手続は、表 3.2-1 に示すとおりです。

3.2 再生可能エネルギー開発の許認可手続き

表 3.2-1　エネルギー施設の開発に関係し得る

指定文化財の現状変更手続き

文化財の大分類	指定文化財としての名称	現状変更等に必要な手続	対応条文
有形文化財	国宝、重要文化財	文化庁長官の許可	第43条
	登録有形文化財	文化庁長官へ届出	第64条
民俗文化財	重要有形民俗文化財	文化庁長官へ届出	第81条
記念物	史跡、名勝、天然記念物	文化庁長官の許可	第125条
	登録記念物	文化庁長官へ届出	第133条
文化的景観	重要文化的景観	文化庁長官へ届出	第139条
伝統的建造物群	伝統的建造物群保存地区（市町村が指定）	政令の定める基準に従い、市町村が条例で定める	第143条

　エネルギー施設の建設のために指定文化財の現状変更等を行なうことは、一般に非常に困難であると考えられ、計画段階で回避することが最も合理的な対策です。特に、単一の物件として存在する建築物、遺跡、自然景観、大木等は、それ1個しか存在しませんから、現状変更等は現実には不可能です。

　動植物の種が天然記念物に指定されている場合、その個体を殺傷・損傷しなくても、繁殖・生育に影響を及ぼすことが現状変更等と解されます。これを避けるためには、環境影響評価の過程において十分な調査を行い、対象事業実施区域とその付近に指定された種の個体が生息しないことを確認する必要があります。指定された種の個体が生息していることが確認された場合、適切な影響低減策を実施することにより、事業の実施がその種の繁殖・生育に及ぼす影響は少ないことを対外的に説明し、事業の実施が現状変更等に該当しないとの判断を関係官庁から得る必要があります。

　文化財保護法で定義された「周知の埋蔵文化財包蔵地」でエネルギー施設の建設工事を施工する場合は、埋蔵文化財が発見される前から、届出が必要です。それ以外の地域で行なわれる工事の場合でも、埋蔵文化財が発

－75－

見された場合は、工事を中断して、文化庁が行なう調査を受け入れなければならないことがあります。

世界遺産条約

日本の場合、世界遺産条約指定物件を保護するための法規制の種類は特定されていません。しかし、世界遺産条約の社会的影響力を考慮すれば、同条約の指定地は、開発事業が難い地域と考えられます。

古都における歴史的風土の保存に関する特別措置法

神奈川県鎌倉市や京都府京都市等において歴史的風土保存区域に立地する場合、府県知事に届出が必要です。歴史的風土特別保存地区に立地する場合、府県知事の許可が必要です。

明日香村における歴史的風土の保存及び生活環境の整備等に関する特別措置法

明日香村においてエネルギー施設の事業を計画する場合は、この法律による規制の状況を確認する必要があります。

風力発電に特に関係が深い法規制と許認可手続き

航空法

地表又は水面から60m以上の高さの風車には航空障害灯と昼間障害標識を設置しなければなりません。ただし、2014年1月17日からは国際民間航空条約の勧告規定を基に風力発電施設に係る航空障害灯及び昼間障害標識の設置免除基準が以下のように緩和されています。

風力発電機群の中で海抜高が最も高い風力発電機及びその風力発電機群の輪郭を示す風力発電機に中光度白色航空障害灯が設置されている場合には、それら以外の風力発電機への航空障害灯及び昼間障害標識の設置を免除すること、ならびに当該風力発電機群において、ナセル頂部以外の航空障害灯の設置を省略することができます。

電波法

伝搬障害防止区域で31mを超える高さの風車を新設、改築、修繕を行なう場合は届出が必要です。

建築基準法

風車の高さが15mを超える場合、確認申請を提出し、構造計算および細

目について審査を受ける必要があります。

環境法関連

　自然保護団体等により鳥類の構造物への衝突問題（バードストライク）が指摘されています[2]。事業が中止される事例も出てきているため[3]、今後、風力発電に対する環境規制の動向を見守る必要があります。

太陽光発電に特に関係が深い法規制と許認可手続き

建築基準法

　一般的に建築物の屋根に設置されることが多く、本体建物における建築基準法に基づく建築確認申請の中で審査されることになります。

　また、建築物に付随しない単独の太陽光発電施設の場合は、架台を含めた工作物がその高さによっては、建築基準法第88条に定める準用工作物にあたることとなり、確認申請を提出する必要が生じるので、注意を要します。

地熱発電に特に関係が深い法規制と許認可手続き

温泉法

　地熱エネルギー施設を新設する場合は、法第3条に基づき、都道府県知事の許可を受けなければなりません。生産井は時間の経過に伴って機能が低下するので、ある期間をおいて繰り返し掘削しなければなりません。施設の運転を継続するためには法第9条の許可が必要です。

　還元井（調査還元井を含む）の掘削は、温泉を湧出させるための掘削ではないので、法第3条、第9条の規定に該当しませんが、都道府県の指導により、許可申請を必要とする場合があります。

鉱業法

　他人が鉱業権を設定している土地を取得して地熱発電所を建設する場合、大深度まで井戸を掘りますので、その鉱業権を制限することになります。その場合は、鉱業法に基づき適正な補償によって鉱業権者の同意を得なければなりません。

自然公園法

　地熱発電のエネルギー資源は火山活動のある地域に偏在しているため、

国立・国定公園の区域と重なる場合が多く、景観の保護や適切な利用の確保、生物多様性の保全の観点から、国立・国定公園の特別地域での開発が制限されています。一方、地熱発電は、再生可能エネルギーの中でもベースロード電源として期待されるため、自然公園法の許可の柔軟化に向けて、2016年6月に環境省から「国立・国定公園内における地熱開発の取扱いについて及び同通知の解説」[4]が発出されています。本解説は地熱資源の賦存状況や自然環境の特性等に応じて、国立・国定公園の風致景観及び自然環境との調和を検討する際の参考になります。

水力発電に特に関係が深い法規制と許認可手続き
河川法

　河川法では、一級河川、二級河川および二級河川に関する規定を準用する準用河川が適用河川となっています。これらに指定された部分以外の上流端と下流端は河川法の適用を受けない普通河川とされ「国土交通省所管国有財産取扱規則」又は「地方公共団体条例」によって管理されています。普通河川に水力発電所を設置する場合には新たに河川指定を行う必要があります。

　つぎに、水利使用の許可、いわゆる水利権が必要です。水利権とは、流水を特定の目的のために、排他的に独占的に、また継続的に占用する権利であり、河川管理者の許可によって成立します。水力発電に係る水利権の内容（標準水利使用規則）は、(a)目的、(b)取水口等の位置、(c)取水量及び使用水量、(d)落差、(e)貯水量の最高限度および水位の最高限度、(f)取水の方法、(g)責任放流量、(h)取水又は貯留等の条件、(i)存続期間からなっています。

　さらに、水力発電所を設置するためには、河川法に基づく許可を得ることが不可欠です。主要な許可対象行為は、流水の占用と河川区域等の土地または区域の占用・現状変更です。ただし、河川法の一部が改正され、2013年12月11日からは既に許可を受けて利用している農業用水などを利用する発電、即ち従属発電については従来の許可制から登録制に代わりました。河川維持流量の放流と洪水調節容量を確保するための放流を利用する発電も

－78－

登録制です。

砂防法

砂防指定地においては、工作物の新築等、土地の掘削等、土石等の採取、集積、投棄、立木竹の伐採、樹根等の採取などを行う場合は都道府県知事または国土交通大臣の許可が必要です。砂防指定地は、河川の河道から背後の稜線まで全面的に指定されている場合が多いので、河川から離れて立地する施設であっても、砂防法の許可が必要となる可能性があります。

水産資源保護法

都道府県知事又は農林水産大臣が指定した保護水面内で埋立、浚渫等の工事を行なう場合は、許可が必要です。しかし、保護水面に関する工事の許可を得ることは、一般に困難であるとされています 。

漁業法

発電所等のエネルギー施設を建設するために河川または海の区域の水環境に影響を及ぼす場合は、その区域に設定された漁業権を制限しまたは消滅させることになるので、適正な補償によって漁業権者の同意を得なければなりません。

バイオマス発電、廃棄物発電に特に関係が深い法規制と許認可手続き

大気汚染防止法

廃棄物発電、バイオマス発電等、火力発電の一種である再生可能エネルギー施設は、ばい煙発生施設に該当し、関連する法規制の対象となります。

消防法

「危険物」、「指定可燃物」に関する規定が関係します。

危険物とは、法別表第1に定める物質で、以下の6類に分類されます。

第1類：酸化性個体（塩素酸塩類等 11 品名）

第2類：可燃性固体（硫化リン等 9 品名）

第3類：自然発火性物質及び禁水性物質（カリウム等 12 品名）

第4類：引火性液体（特殊引火物、第 1 石油類、アルコール類、第 2 石油類、第 3 石油類、第 4 石油類、動植物油類）

第5類：自己反応性物質（有機過酸化物等 11 品名）

第3章　再生可能エネルギー開発に係る制度

　　第6類：酸化性液体（過塩素酸等5品名）
指定可燃物とは、以下の要件に該当する物質です。
　　① 政令で定める数量（「指定数量」）未満の危険物
　　② わら製品、木毛その他の物品で、火災が発生した場合にその拡大が
　　　　速やかであり、又は消火の活動が著しく困難となるものとして政令
　　　　で定めるもの
　　② の要件は、表 3.2-2 に記載した品名・数量に該当することです（危
険物の規制に関する政令別表第4）。

表 3.2-2　危険物以外の指定可燃物

品名	数量
綿花類	200kg 以上
木毛及びかんなくず	400kg 以上
ぼろ及び紙くず	1,000kg 以上
糸類	1,000kg 以上
わら類	1,000kg 以上
可燃性固体類	3,000kg 以上
石炭・木炭類	10,000kg 以上
可燃性液体類	2m³ 以上
木材加工品及び木くず	10m³ 以上
合成樹脂類（発泡させたもの）	20m³ 以上
〃　　　（その他のもの）	3,000kg 以上

　　以上のように、化石・非化石を問わず、炭素化合物である固体・液体の
燃料は全てが、その前段階であるバイオマスは大部分が、危険物または指
定可燃物に該当します。RDF は、2004 年 7 月に指定可燃物に指定されまし
た[5]。

－ 80 －

危険物と指定可燃物に関する主な規制は次のとおりです。

1）指定数量以上の危険物は、貯蔵所以外で貯蔵してはならず、製造所、貯蔵所、取扱所以外で取り扱ってはならない。製造所等の位置、構造及び設備の技術上の基準は、政令で規定される。

2）製造所等を設置しようとする者は、政令で定めるところにより、市町村長、都道府県知事または総務大臣の許可を受けなければならない。製造所等の位置、構造若しくは設備を変更したときは、市町村長の検査を受けなければならない。

3）製造所等で貯蔵し、又は取り扱う危険物の品名、数量等を変更しようとする者は、市町村長に届出をしなければならない。

4）指定可燃物その他指定可燃物に類する物品の貯蔵及び取扱いの技術上の基準は、市町村条例で定める。指定可燃物その他指定可燃物に類する物品を貯蔵し、又は取り扱う場所の位置、構造及び設備の技術上の基準は、市町村条例で定める。

悪臭防止法

バイオマス等、悪臭を発生させる可能性がある物質を伴うエネルギー施設の事業計画策定に際しては、悪臭防止法に基づく指定地域と悪臭の規制について、確認が必要です。

廃棄物の処理及び清掃に関する法律

廃棄物発電およびバイオマス発電の施設の設置、燃料の製造、焼却灰、発酵残渣等の処理を行なうためには廃棄物処理法に基づく許可が必要です。廃棄物処理法は、廃棄物処理施設の設置の許可手続きの一環として、「生活環境影響評価」を行なわなければならないことを規定しています。生活環境影響評価については、3.3 を参照のこと。

建築基準法

サイロあるいはごみ焼却場等の工作物は確認申請が必要と思われます。

参考文献　3.2 再生可能エネルギー利用発電所の許認可手続き
(1) 再生可能エネルギー事業支援ガイドブック（平成 28 年度版）
(2)（財）日本野鳥の会. 風力発電施設の設置基準についての（財）日本野鳥の会の基本的な意見.

第3章　再生可能エネルギー開発に係る制度

　2003 年 12 月 9 日
(3) 読売新聞　朝刊 30 面．風力発電は自然破壊？御嶽山の事業自治体反対で事実上中止に．2005
　　年 10 月 30 日
(4) 環境省自然環境局国立公園課長通知「国立・国定公園内における地熱開発の取扱いについて
　　（平成 27 年 10 月 2 日　環境省自然環境局長通知）及び　同通知の解説」、平成 28 年 6 月 23 日
(5) 鍵谷司ほか：高度化する廃棄物発電．座談会．見直される RDF 発電．エネルギー．第 38 巻 5
　　号：64-70．2005

3．3再生可能エネルギー利用発電所の環境アセスメント

環境アセスメントを要求する法制度の概要

日本における環境影響評価制度の現況

　環境影響評価（環境アセスメント）とは、「事業者が、対象事業が環境に
与える影響について自ら調査、予測、評価を行い、その結果に基づき環境
保全措置を検討することにより、その事業計画を環境保全上より望ましい
ものとしていく仕組み」です。

　環境影響評価法および環境影響評価条例に基づく環境影響評価は、以下
のような条件に該当する事業に対して義務づけられます。

　　a．規模が大きく、環境に及ぼす影響が大きくなるおそれがあること。

　　b．その実施が、各特別法の規定に基づき、免許、特許、許可、認可若
　　　　しくは承認又は届出の対象となっていること。

すなわち、環境影響評価は、その事業を規制する特別法に基づく許認可を
得るための、前段階の手続きです。都道府県、政令指定都市の環境影響評
価条例が対象とする事業は、多くの場合、環境影響評価法のそれと同種で、
より規模の小さい事業となっています[1][2]。

　一般に、環境影響評価法または環境影響評価条例に基づく環境影響評価
が終了すれば、事業者は各特別法に基づく許認可手続きに進むことができ
ます。しかし、公有水面埋立法、廃棄物の処理及び清掃に関する法律等の
一部の特別法については、許認可手続きの一環として環境影響評価が義務
付けられています。そのような特別法として、以下のものがあります。

　　a．公有水面埋立法に基づく環境影響評価（通称「埋立申請アセス」）

　　b．廃棄物処理法に基づく生活環境影響調査（通称「生活環境アセス」）

－82－

c. 自然公園法に基づく環境影響評価（通称「自然公園アセス」）

　d. 国有林野内の開発に伴う環境影響評価（通称「国有林野アセス」）

　さらに、企業の社会的責任が重視されるようになった昨今、ある程度の規模の開発を行う場合は、たとえそれが全ての法律・条例に照らして環境影響評価の対象にならない場合でも、事業者が自主的に環境影響評価を行い、説明責任を果たすことが通例となっています。

環境影響評価法

　発電所の事業のうち、環境影響評価法に基づく環境影響評価の対象となるものは、表 3.3-1 に示すとおりです（環境影響評価法施行令別表第 1）。第 1 種事業は、無条件で環境影響評価法に基づく環境影響評価の対象となります。第 2 種事業は、知事意見を勘案して、環境影響評価手続きを実施すべきか否かを、経済産業大臣が個別に判定（スクリーニング）します。

表 3.3-1　法アセスの対象となる発電所の事業

発電所事業の種類	第 1 種事業の要件	第 2 種事業の要件
水力発電所の設置	イ．出力 3 万 kW 以上	出力 2 万 2,500kW 以上 3 万 kW 未満で、左列ロ．に該当しないもの
	ロ．出力 2 万 2,500kW 以上 3 万 kW 未満で、発電所事業者自身による大規模ダム新築等を伴うもの	（なし）
水力発電所の変更	ハ．出力 3 万 kW 以上の発電設備の新設を伴うもの	出力 2 万 2,500kW 以上 3 万 kW 未満の発電設備の新設を伴い、左列ニ．に該当しないもの
	ニ．出力 2 万 2,500kW 以上 3 万 kW 未満の発電設備の新設を伴い、かつ発電所事業者自身による大規模ダム新築等を伴うもの	（なし）

第3章　再生可能エネルギー開発に係る制度

ダム・堰・湖沼施設	湛水面積 100ha 以上	湛水面積 75〜100ha
火力発電所の設置	ホ．出力 15 万 kW 以上	出力 11 万 2,500kW 以上 15 万 kW 未満
火力発電所の変更	ヘ．出力 15 万 kW 以上の発電設備の新設を伴うもの	出力 11 万 2,500kW 以上 15 万 kW 未満の発電設備の新設を伴うもの
地熱発電所の設置	ト．出力 1 万 kW 以上	出力 7,500kW 以上 1 万 kW 未満
地熱発電所の変更	チ．出力 1 万 kW 以上の発電設備の新設を伴うもの	出力 7,500kW 以上 1 万 kW 未満の発電設備の新設を伴うもの
原子力発電所の設置	リ．全て	（なし）
原子力発電所の変更	ヌ．発電設備の新設を伴うものの全て	（なし）
風力発電所の設置	ル．出力 1 万 kW 以上	出力 7,500kW 以上 1 万 kW 未満
風力発電所の変更	ヲ．出力 1 万 kW 以上	出力 7,500kW 以上 1 万 kW 未満

　環境影響評価法に基づく環境影響評価は、①配慮書、②第 2 種事業のスクリーニング、③環境影響評価方法書、④環境影響評価、⑤環境影響評価準備書、⑥環境影響評価書、の 6 段階から構成されます[3]。

①配慮書

　第 1 種事業を実施しようとする者は、事業の位置・規模等の検討段階において環境保全のために適正な配慮をしなければならない事項についての検討を行い、その結果について、計画段階環境配慮書を作成します。その際には、事業の位置、規模等に関する複数案の検討を行うとともに、対象事業の実施が想定される地域の生活環境、自然環境などに与える影響について、地域の環境を良く知っている住民をはじめとする一般の方々、専門家、地方公共団体などの意見を取り入れるよう努めることとされています。

　事業者は、作成した配慮書の内容を方法書以降の手続に反映させることとなっています。また、第 2 種事業を実施しようとする者は、これら一連の手続を任意で実施できます。

②第 2 種事業のスクリーニング

　第 2 種事業をしようとする者は、主務大臣等に届出を行い、環境影響評

価法に基づく環境影響評価の対象とするか否かのスクリーニングを受けます。この届出書には、経済産業省令で定める簡易な方法により環境影響評価を行なった結果を記載します。

③環境影響評価方法書

事業者は、対象事業に係る環境影響評価を行なう方法（調査、予測及び評価に係るもの）について、環境影響評価方法書を作成します。方法書の内容は、国民の意見と都道府県知事の意見を踏まえ、主務大臣（発電所の場合は経済産業大臣）の審査を経て確定します。

④環境影響評価

事業者は、環境影響評価方法書に記載された評価項目、調査・予測・評価手法に基づき、環境影響評価を行ないます。

⑤環境影響評価準備書

事業者は、環境影響評価を行なった後、その結果について環境の保全の見地からの意見を聴くための準備として、環境影響評価準備書を作成します。環境影響評価準備書には、環境影響評価の結果を評価項目ごとにとりまとめた内容と、事業者が取ろうとする環境の保全のための措置等が記載されます。環境影響評価準備書の内容は、国民の意見と都道府県知事の意見を踏まえ、主務大臣の審査（発電所の場合、経済産業大臣は、審査に際して環境大臣の意見を聴く）を経て確定します。

⑥環境影響評価書

事業者は、環境影響評価準備書に対する都道府県知事の意見等を踏まえ、準備書の内容を検討し、必要な修正を行い、環境影響評価書を作成します。環境影響評価書の内容は、都道府県知事、市町村長、環境大臣の意見を踏まえ、主務大臣の審査を経て確定します。内容が確定した評価書は、公告縦覧に供され、それを以って環境影響評価の手続きが完了します。

⑦電気事業法の許認可

発電所の事業の場合は、環境影響評価手続きの完了によって、事業者は工事計画認可（届出）の手続きに進むことができます。事業者が、環境影響評価書に記載された環境保全対策を実行することは、工事計画の内容が

第3章　再生可能エネルギー開発に係る制度

環境影響評価書の記載に合致していることを審査することによって担保されます。

公有水面埋立法（埋立申請アセス）

　発電所を建設する土地を公有水面の埋立によって確保する場合は、環境影響評価法（条例）に基づく環境影響評価とは別に、埋立に係る環境影響評価も実施しなければなりません。

　埋立免許の願書には、添付図書の一つとして、「環境保全に関し講じる措置を記載した図書」を添付します。この図書（通称「埋申環境保全図書」）には、単に出願人が最終的に講じることとした環境保全措置だけでなく、その内容を決定する前提となった環境影響評価そのものも記載しなければなりません。

　埋立に関する環境影響評価とは、埋立にあたって出願人が当該埋立に係る 1)埋立に関する工事、2)埋立地の存在、3)埋立地の用途に従った利用、の 3 項目について、公害の防止及び自然環境の保全に及ぼす影響の程度と範囲、その防止対策について、代替案の比較も含め、評価することです。埋立地そのものだけでなく、その上に建設される施設も対象とされる点が、環境影響評価法（条例）に基づく環境影響評価との重要な相違点です。埋申環境保全図書の記載内容は法に規定されておらず、日本港湾協会の「公有水面埋立実務便覧」に従うことが慣習となっています。

　免許権者は、埋申環境保全図書を含む願書を審査し、免許を行うか否かを決定します。この際免許権者は、1)一般公衆への告示・縦覧、2)利害関係者からの意見の聴取、3)関係市町村長の意見聴取、4)関係行政機関の意見聴取を行います。

　埋立の内容が公有水面埋立法施行令第 32 条の規定に該当する場合（特定重要港湾での埋立、面積 50ha を超える埋立等）は、免許権者は、国土交通大臣の認可を得なければ免許を行うことができません。国土交通大臣は、この認可を行うために、環境大臣の意見を聴かなければなりません。

自然公園法　（自然公園アセス）

　自然公園法の特別地域、特別保護地区、海域公園地区に発電所構造物の

新設や、それに伴う環境の改変を行うためには、環境大臣（国立公園）または都道府県知事（国定公園）の許可が必要です。自然公園法施行規則において、申請に係る行為が大規模である場合に、通常の許可申請書に加えて添えなければならない書類に記載する事項を規定しています。これらの事項について行われる調査と予測・評価を、「事前の総合調査」、「自然公園アセス」等と通称しています。

　なお、自然公園法施行規則には、申請に係る行為が大規模であることの定義を規定しています。また、自然公園法は、上記の行為が、環境省令で定める基準に合致しないものであれば、許可されないことを規定しています。その「基準」は、自然公園法施行規則（特別地域、特別保護地区及び海域公園地区内の行為の許可基準）に規定されています。

　自然公園法施行規則を補完するため、「自然公園法の行為の許可基準の細部解釈及び運用方法について」（2000 年 8 月 7 日、各都道府県知事あて環境庁自然保護局長通知）が通知されています。

廃棄物の処理及び清掃に関する法律（生活環境アセス）

　生活環境影響調査は、許可を要する全ての廃棄物処理施設について実施が義務づけられています。発電所の設置の事業が、廃棄物処理施設の設置でもあるとみなされる場合は、環境影響評価法（条例）に基づく環境影響評価とは別に、生活環境影響調査も実施しなければなりません。具体的には、次の 2 通りの場合がこれに該当します。

① 廃棄物発電所：一般廃棄物または産業廃棄物の「焼却施設」に該当
② 火力発電所の灰捨場：発電所の燃料の燃焼によって発生する灰は「産業廃棄物」に該当し、灰捨場は産業廃棄物の「最終処分場」に該当

　生活環境影響調査の手順は、(1) 調査事項の整理、(2) 調査対象地域の設定、(3) 現況把握、(4) 予測、(5) 影響の分析、(6) 生活環境影響調査書の作成となっています[4]。焼却施設についての調査事項は煙突排ガスの排出、施設排水の排出、施設の稼働、施設からの悪臭の漏洩、廃棄物運搬車の走行による大気質、騒音、振動、悪臭、水質に与える影響です[5]。最終処分場についての調査項目は陸上埋立・水面埋立による施設からの浸透

水の流出、または浸出液処理設備からの処理水の放流、最終処分場の存在、施設（浸出液処理設備）の稼働、埋立作業、施設（埋立地）からの悪臭の発生、廃棄物運搬車両の走行による大気質、騒音、振動、悪臭、水質、地下水に与える影響です[5]。

　都道府県知事は、生活環境影響調査の結果を含む廃棄物処理施設の設置許可申請書を審査し、許可を与えるか否かを決定します。この審査の際に知事は、関係市町村長等の意見を聴かなければなりません。知事は許可に条件を付することができ、許可後であっても廃棄物処理施設の維持管理等の状況を調査し、必要に応じて改善命令、許可の取消し等の処分を行うことができます。

国有林野における大規模開発事業に係る
森林施業等への影響調査（国有林野アセス）

　林野庁の各森林管理局（旧営林局）は、国有林野における大規模開発行為の計画に際し、事業者に、森林施業、自然環境の保全等への影響について調査、予測及び評価並びに、これら影響に対する必要な措置の検討を義務付けています。これが、「国有林野アセス」と通称される制度ですが、1999年に環境影響評価法が全面施行され、各都道府県においても環境影響評価条例が制定（または環境影響評価法にならって全面改正）されたため、国有林野アセス制度の必要性は少なくなりました。このため各森林管理局は、国有林野アセス制度を定めた通達を廃止しつつあり、近い将来国有林野アセス制度はなくなると予想されます。

各種再生可能エネルギーの環境影響評価項目と予測評価手法
環境影響評価法・条例に基づく評価項目

　環境影響評価を行なう際の評価項目の選定方法は、通称「発電所アセス省令」によって規定されています。発電所アセス省令は水力発電所、火力発電所、地熱発電所、風力発電所の参考項目を規定しています。個別の発電所事業の環境影響評価の評価項目は、参考項目を参考にして選定します。

　小水力発電所の環境影響評価には、発電所アセス省令別表第1 水力発電所の事業の環境影響評価の参考項目が準用可能であると考えられます。「小

－88－

水力発電所」という語は、RPS 法では 1,000kW 以下のものを意味し、一般的な用語としても第 2 種事業にあたる 2 万 2,500kW 以上のものを意味することは少ないので、小水力発電所の事業で環境影響評価法に基づく環境影響評価を行なうことは少ないと考えられます。なお、自主的な環境影響評価を行う場合は、省令に規定された参考項目を勘案して、評価項目を選定することになると考えられます。

バイオマス発電所と廃棄物発電所の環境影響評価には、発電所アセス省令別表第 2 火力発電所の事業の環境影響評価の参考項目が準用可能であると考えられます。環境影響評価法で第 2 種事業に該当する火力発電所の規模の下限は 11 万 2,500kW であり、従来日本で建設されているバイオマス・廃棄物発電所の規模はこれより小さいので、バイオマス・廃棄物発電所の事業で環境影響評価法に基づく環境影響評価を行なうことは少ないと考えられます。しかし、自主的な環境影響評価を行なう場合は、参考項目を勘案して、評価項目を選定することになると考えられます。都道府県の環境影響評価条例に基づいて環境影響評価を行なう場合は条例で規定された参考項目を勘案して評価項目を選定します。

地熱発電所の環境影響評価の評価項目は、発電所アセス省令別表第 4 の参考項目を参考にして選定されます。第 2 種事業未満の規模の地熱発電所の事業に際して自主的な環境影響評価を行なう場合は、参考項目を勘案しつつ、事業特性及び地域特性に関する情報を踏まえて評価項目を選定することになると考えられます。また都道府県の環境影響評価条例の対象とされた場合は、条例に規定された参考項目を勘案して、評価項目を選定します。

風力発電所の環境影響評価の評価項目は、発電所アセス省令別表第 5 の参考項目を参考にして選定されます。第 2 種事業未満の規模の風力発電所の事業に際して自主的な環境影響評価を行なう場合は、参考項目を勘案しつつ、事業特性及び地域特性に関する情報を踏まえて評価項目を選定することになると考えられます。

FIT 制度が導入された 2012 年 7 月以降、太陽光発電の発電容量は急激に増加しています。発電容量が 1,000kW 以上である、いわゆるメガソーラ

第3章　再生可能エネルギー開発に係る制度

ーのような地上設置型の大規模な太陽光発電施設においては、地域の自然環境・生活環境や景観への影響について懸念されるケースも見受けられるようになりました。

太陽光発電所については、2017年現在、環境影響評価法の対象となっていませんが、太陽光発電事業など従来は想定していなかった種類の事業による大規模な開発が行われ、森林の伐採等に伴う環境への影響が懸念され、こうした社会状況の変化に適切に対応するため、一部の都道府県・政令指定都市では太陽光発電事業を環境影響評価手続の対象にし、事業者による適切な環境配慮を促しています。それ以外に、環境保全条例やガイドライン、要綱によって事業者に一定の配慮を求めている自治体もあります。環境影響評価条例を見ると、表3.3-2のように太陽光発電事業の取扱い方には3タイプがあります。

表3.3-2　環境影響評価条例における太陽光発電事業の取扱い状況[6]

①太陽光発電事業を対象事業に位置付けている自治体	長野県、神戸市、福岡市
②太陽光発電事業を「電気工作物の新設」等に含めて条例の対象としている自治体	さいたま市（規模要件：面積）、川崎市・名古屋市（規模要件：出力）大分県・福島県
③「開発行為」、「工業団地の造成」等の面開発の一種として対象とすることができる自治体	41の自治体（32道府県、9市）

太陽光発電事業の場合には、固定価格買取期間の終了後に撤去される事態が想定されるため、長野県環境影響評価技術指針マニュアルでは供用終了後の影響についても影響要因として評価項目として選定することとなっています[7]。

環境影響評価法に基づく環境影響評価の予測評価手法

環境影響評価のための調査、予測、評価の手法は、選定項目ごとに、選

－90－

3.3 再生可能エネルギー利用発電所の環境アセスメント

定項目の特性及び事業が及ぼすおそれがある環境影響の重大性について客観的かつ科学的に検討を行なって選定されます。選定される手法は、表3.3-3 に記載された要件を満足するものでなければなりません。調査、予測、評価の手法の選定に際しては、必要に応じて専門家の助言を受けるものとしています。調査、予測、評価の手法の選定に際しては、「発電所の区分に応じ」、「一般的な事業の内容によって行われる」事業に伴う手法を「勘案しつつ」、「事業特性及び地域特性に関する情報を踏まえ」る（発電所アセス省令第 21 条第 1 項）とされています。この手法を「参考手法」といいます。これらについて経済産業省「発電所に係る環境影響評価の手引き」にまとめられています。

表 3.3-3　発電所事業の環境影響評価の手法の要件

選定項目の区分		調査、予測、評価手法の要件
環境の自然的構成要素の良好な状態の保持を旨として調査、予測及び評価されるべき環境要素に係る選定項目		汚染物質の濃度その他の指標により測られる環境要素の汚染又は環境要素の状況の変化の程度及び広がりに関し、これらが人の健康、生活環境又は自然環境に及ぼす環境影響を把握する手法
生物の多様性の確保及び自然環境の体系的保全を旨として調査、予測及び評価されるべき環境要素に係る選定項目	動物、植物	陸生及び水生の動植物に関し、以下の状況について調査し、これらに対する環境影響の程度を把握する手法。 1. 生息種又は生育種及び植生の調査を通じて抽出される、学術上又は希少性の観点から重要な種の分布状況、生息状況又は生育状況 2. 上記の調査を通じて抽出される、学術上又は希少性の観点から重要な群落の分布状況並びに動物の集団繁殖地その他の注目すべき生息地の分布状況
	生態系	地域を特徴づける生態系に関し、 1. 生息種又は生育種及び植生の調査結果その他の調査結果により概括的に把握される生態系の特性に応じて、上位性、典型性及び特殊性の視点から注目される動植物の種又は生物群集（「注目種等」）を複数抽出し、これらの生態、他の動植物との関係又は生息環境若しくは生育環境を調査し、これらに対する環境影響の程度を把握する手法 2. その他の適切に生態系への環境影響を把握する手法 注）上位性：生態系の上位に位置する性質 　　典型性：地域の生態系の特徴を典型的に現す性質 　　特殊性：特殊な環境であることを示す指標となる性質

第3章　再生可能エネルギー開発に係る制度

人と自然との豊かな触れ合いの確保を旨として調査、予測及び評価されるべき環境要素に係る選定項目	景観	景観に関し、眺望の状況及び景観資源の分布状況を調査し、これらに対する環境影響の程度を把握する手法
	人と自然との触れ合いの活動の場	人と自然との触れ合いの活動に関し、野外レクリエーションを通じた人と自然との触れ合いの活動及び日常的な人と自然との触れ合いの活動が一般的に行われる施設又は場の状況を調査し、これらに対する環境影響の程度を把握する手法
環境への負荷の量の程度により予測及び評価されるべき環境要素に係る選定項目		廃棄物等及び温室効果ガス等に関し、それらの発生量その他の環境への負荷の程度を把握する手法

参考文献　3.3　再生可能エネルギー利用発電所の環境アセスメント
(1)　経済産業省資源エネルギー庁：NEF．水力発電環境保全対策ガイドブック．2004 年 3 月
(2)　環境省総合環境政策局環境影響評価課：改正環境影響評価法等について、2011 年
(3)　経済産業省：発電所に係る環境影響評価の手引き、平成 29 年 5 月
(4)　厚生省水道環境部廃棄物法制研究会：廃棄物処理施設生活環境影響調査指針の解説．1998
(5)　環境省：廃棄物処理施設生活環境影響調査指針、平成 18 年 9 月
(6)　環境省：太陽光発電事業の環境保全対策に関する自治体の取組事例集．2016 年 4 月
(7)　長野県：長野県環境影響評価技術指針マニュアル、平成 28 年 1 月

第4章 再生可能エネルギー開発への土木技術者の貢献
4．1 再生可能エネルギー発電事業の計画における土木技術の貢献
事業計画の策定

　水力、火力、原子力などの電源開発では発電所の基礎をつくる土木技術者がプロジェクトの先頭に立って取組んできました。水力発電所を例に取れば、計画地点の水文気象、地形・地質、自然・社会環境条件等の調査に基づき、取水地点、導水路ルート、放水地点、各工作物の位置を決め、概略の落差、発電使用水量・発電所規模を定め、建設費、発生電力量を算定し経済性を評価します。技術的内容のみならず、既得水利権、漁業権との調整、家屋・土地に対する補償等さまざまな項目への考慮が必要です。

許認可対応

　プロジェクトの初期段階である調査・計画の時点で許認可手続きが必要となる場合もあります。通常、エネルギー土木部門においては土木技術者が中心となって資料の作成から許認可権者への説明に至る許認可対応を行っています。説明する相手は必ずしも土木技術者とは限りませんので、技術的な事項を説明するだけでは不十分で、許認可申請の内容を如何に相手にわかりやすく説明できるかが重要になってきます。

　同時に許認可に係る法令を熟知しておく必要があり、どのような場所でどのような行為をすることが許認可の対象になるのか、許認可権者は誰か、申請書類の内容はどのようなものか、どういう順番でどういうポジションの人間に説明していくべきか、許認可を得るためにどの程度の期間を要するのかなど、許認可手続きを円滑に進めるためのノウハウを経験のなかで蓄積しています。

環境問題対応

　発電所が法アセスの対象となる場合、あるいは条例アセスの対象となる場合は環境影響評価手続きが必要になりますし、アセス対象とならない場合でも、自主的にアセスを実施すべしと考える事業者が増えています。これは当該発電所に係るマルチステークホルダーから理解を得る必要がある

第4章 再生可能エネルギー開発への土木技術者の貢献

ためです。さらに、設計、施工においては環境問題対応のために様々な取り組みがなされてきました。その代表的な事例を以下に挙げます。

1）地形の改変で生じる濁水を沈澱池で処理して排水する。

2）土砂流出防止堰を設け、掘削後の法面を緑化する。

3）工事区域内に貴重種生物が侵入しないよう防止柵を設ける。

4）原生林を保護するために地形改変部との境界に緩衝林を設ける。

5）道路の側溝に落ちた小動物が脱出できるよう、側溝内に斜面を設ける。

6）修景緑化の際には、遺伝資源保護の観点から現地種を用いる。

7）工事実施の際にリサイクル率を高める。

8）防音シートの設置と計測監理による騒音対策の実施

9）既存の構造物に影響を与えぬよう低振動工法を採用

10）ビオトープや人工干潟の創成による自然再生への取り組み

11）貴重猛禽類の保護のため繁殖期には工事を休止する。

　環境影響評価において特に議論が集中した事項については、施設が完成し、運用を開始した後も定期的にモニタリングを継続し、予測した以上の影響が出ていないか、追加の環境対策が必要か、どのような追加対策をとるかなどを検討します。また、クレームに対応して、追加の、あるいは新たな環境対策をとるのかといった判断、ならびに住民への説明も必要になります。

４．２　各種プラントの建設における土木技術の貢献

風力発電

　陸上風力発電では地形に起因する局地的な風況や、季節・時刻による風向・風速の変化を考慮するため、観測データをもとに確率論や三次元シミュレーション技術等を駆使して最適なレイアウトの検討を行う必要があり、強風にさらされる送電線などを建設してきた土木技術者が貢献できます。さらに、沖縄県宮古島の風力発電用風車7基のうち3基が倒壊[1]したように大型台風によって風車や塔といった本体の損傷のほかに基礎部分の損傷事例が報告されており、土木学会構造工学委員会が風力発電設備支持物構

－94－

造設計指針・同解説［2010 年版］を刊行しています。また、世界平均の設備コスト約 11〜26 万円/kW と比べて高い日本の設備コスト 20〜35 万円/kW [2]を低減するため、例えば、風況との兼ね合いを考慮しつつ地盤の良いところを選んで基礎建設のコストを抑える、勾配が許す範囲で取り付け道路を短くするなど土木工事の工夫が望まれます。

洋上風力発電では港湾・海洋土木技術を基礎とした土木分野における設計・建設技術が貢献していますが、洋上風力発電設備の建設費は世界平均で約36〜56 万円/kW [2]と、陸上風力の約2 倍から3 倍の水準にあります。一般にその約半分が基礎工事や設置・係留工事のコストが占めています。メンテナンスの際も含めて傭船費用が大きいので、港湾建設等の施工経験に基づく的確な海象予測と作業実施の判断によって傭船期間を短縮することが望まれます。また、塩害等による構造物の劣化も懸念されるため、これまで蓄積してきたコンクリート構造物維持管理技術を活用し、信頼度の確保と延命化に努める必要があります。

太陽光発電

太陽光発電では非常に広大な設置面積が必要となるため、敷地の造成による生息・生育環境、周辺環境への影響をできるだけ軽減するとともに、その程度を適切に評価する技術が必要です。また、風の力をまともに受ける太陽光発電パネルを支える架台と基礎の設計については、日本風工学会から「太陽光発電システム耐風設計マニュアル」（2017 年 2 月）が出版されています。

地熱発電

地熱発電所は自然公園内やその周辺に建設されることが多く、アクセス道路の建設、敷地の造成、設備の基礎工事などの土木工事では自然環境の保全に十分留意する必要があります。また、熱水及び蒸気に含まれる硫化水素による鉄筋コンクリートの腐食（中性化）を防止・抑制する対策が必要です。

水力発電

我が国水力発電開発の歴史は120 年以上におよび、その歴史のなかで4.1

第4章　再生可能エネルギー開発への土木技術者の貢献

に述べたように土木技術者は調査・計画、設計・施工、保守・運用のすべての段階で中心的な役割を果たし、河川管理者、水利権者、漁業者、地域住民などとの交渉力も含めて多岐にわたる豊富な技術や知識・経験を蓄積してきました。大規模な水力発電では河川・湖水を利用するための水文調査、地質調査、地盤調査などが行われ、発電方式、ダム・水路・発電所などのレイアウトを検討し開発計画が策定されます。

　一方、中小水力発電の場合は、渓流水、農業用水、上下水道、工場で使われる水の循環・排出、道路・鉄道トンネルからの湧水など様々な水源を利用しますので、それら事業と整合した水力発電開発計画を策定するために、エネルギー土木に限らず、砂防工学、農業土木、衛生工学など土木工学の幅広い分野の技術者と連携する必要があります。既存の設備に発電設備を追加する場合は、既存の設備が運用されるなかで発電所の建設ができるように設計ならびに施工方法の工夫が必要です。その点、既設水力発電所の河川維持放流を活用した発電所の建設経験が役立つものと考えられます。また、土木設備だけでなく土地、建物、電気設備の造成・建設から保守に至るライフサイクルコストを低減するため、それらを土木技術者が一元的かつ総合的に担うことも考えられます。

バイオマス発電

　間伐材を利用するバイオマス発電では森林組合等の管理計画との連携、畜産廃棄物を利用する場合は飼育計画との連携、水力発電所の取水口に漂着する流木塵芥を利用する場合は水力発電所の維持管理との連携といったように、上流側の事業との連携が必要になります。

廃棄物発電

　廃棄物発電所は都市臨海部や都市近郊、あるいは市街地に立地されることが多く、都市計画との整合、住環境の保全、地域社会との協調など土木技術者が都市再開発などで蓄積してきた経験が役立ちます。周辺の居住地域、交通ネットワークなどの社会条件等を把握し、廃熱の有効利用計画、周辺住環境に配慮した廃棄物の搬入経路と焼却灰の搬出経路などを決定する必要があります。発電所用地の整地工事、発電所基礎工事および水路等

－96－

付帯設備工事の合理的設計には、火力発電所を建設してきた土木技術が活用できます。また、焼却灰の有効利用、埋立処分も土木技術が果たす役割が大きいといえます。

参考文献　4.2 各種プラントの建設における土木技術の貢献
(1) 石原孟、山口敦、藤野陽三：2003年台風14号による風力発電設備の被害とシミュレーションによる強風の推定．土木学会誌．Vol.88、2003、p.45-48.
(2) NEDO：再生可能エネルギー技術白書第2版、第3章風力発電、2014年

４．３ CDM・JCM における土木技術の貢献

CDM・JCM について

　CDM・JCM は先進国と途上国が共同で温室効果ガス排出削減事業を実施する制度です。先進国は排出削減量（または吸収増大量）に基づいて発行されたクレジットを自国の目標達成に利用できます。一方、途上国にとっては、再生可能エネルギーの利用による温室効果ガス排出削減と CDM・JCM プロジェクトの実施を通じた技術移転の機会が得られます。

CDM・JCM プロジェクトにおける土木技術の貢献

　土木技術者が国内外で蓄積した技術力とノウハウを活かすことにより、CDM・JCM プロジェクトにおけるエネルギー土木技術の貢献が期待されます。水力や風力など再生可能エネルギーに関する CDM・JCM プロジェクトはエネルギー土木技術者が貢献している分野です。風力、太陽光、水力は、自然条件及び発電計画等により獲得できる炭素クレジット量が大きく影響されます。従って、水文・気象・地形等自然条件の分析・評価、設備レイアウト及び発電計画策定技術等が重要となります。これらは、従来の電源開発において土木技術者が主体となって携わり培ってきた技術・ノウハウであるため、CDM・JCM プロジェクトにおける技術的評価に貢献できると考えられます。

　また、炭素クレジットを獲得するには投資国及びホスト国による承認が必要で、プロジェクト契約締結に向けた相手国政府との交渉においては、発電所建設に際して官庁・利害関係者等との許認可・申請手続及び折衝等

第4章 再生可能エネルギー開発への土木技術者の貢献

で培った経験・ノウハウ（説明能力、柔軟な対応力等）が活かされると考えられます。

　これらの活動の中で、有効化審査に必要な PDD（プロジェクト設計書）作成は新しい業務であり、専門的な知識・技術が必要とされ、実務経験を通じた専門能力の開発により CDM・JCM プロジェクト推進へのさらなる貢献が可能であると考えられます。

以下に参考になる事例を列挙します。

・e7 ブータンマイクロ水力 CDM プロジェクト[1]
・ベトナム　ソンマック小水力発電所 CDM プロジェクトの概要[2]
・処分場発生ガスの回収・有効利用による CDM 事業への取り組み[3]
・東南アジアにおける海外プロジェクトおよび電気事業の実態調査－CDM 案件・IPP 案件[4]
・ベトナム国ムンフム水力 CDM プロジェクト[5]

参考文献 4.3 CDM・JCM における土木技術の貢献
(1) 村上嘉謙：e7 ブータンマイクロ水力 CDM プロジェクト、電力土木、319 号、pp.139-141、2005 年 9 月
(2) 高橋修・板井雅之・嶋田祥一：ベトナム　ソンマック小水力発電所 CDM プロジェクトの概要、電力土木、326 号、pp.88-92、2006 年 11 月
(3) 小澤一喜・曽根佑太・阪東浩造：処分場発生ガスの回収・有効利用による CDM 事業への取り組み、電力土木、332 号、pp.97-101、2007 年 11 月
(4) 霜垣勝：東南アジアにおける海外プロジェクトおよび電気事業の実態調査－CDM 案件・IPP 案件－、電力土木、334 号、pp.173-178、2008 年 3 月
(5) 樺山圭輔・有村研一・Ha Ngoc Tuan：ベトナム国ムンフム水力 CDM プロジェクト、電力土木、363 号、pp.24-27、2013 年 1 月

－98－

第5章 途上国のエネルギー事情と再生可能エネルギー開発

　1.2で述べたように、COP21が開催され、新たな法的枠組みである「パリ協定」が採択されたことによって、省エネ、エネルギー効率の向上とともに再生可能エネルギーの開発について途上国を支援する意義が明確になりました。世界銀行でもパリ協定を受けて2016年4月、途上国による再生可能エネルギー3,000万kW（1億5,000万世帯への電力供給が可能）の提供支援を盛り込んだ2020年までの計画を発表しています[1]。

表5-1　途上国の国民所得水準

出典：JICA鈴木薫氏講演資料[2]

ドル/cap	アジア	アフリカ	その他	
50,000	日本(46,760)		米国(51,703) 英国(39,160)	OECD諸国 G8
30,000	韓国(22,588) マレーシア(10,344)	ガボン(11,942)	露国(14,302) ブラジル(11,358) トルコ(10,526)	◎高所得国 BRICS G20 幸福度(<15,000)
10,000	モルディブ(6,363) 中国(6,071) タイ(5,391)	南ア(7,525) アルジェリア(5,582)	アゼルバイジャン(7,450) ペルー(6,525)	SATREP 中進国の罠 (3,000-6,000)
5,000	インドネシア(3,593) モンゴル(3,627)	ボツワナ(4,461) エジプト(3,111)	ジョルダン(4,878)	○中所得国 自動車
3,000	ブータン(2,912) ベトナム(1,763) インド(1,500) ラオス(1,379)	ガーナ(1,622) ザンビア(1,462)	ボリビア(2,514)	BOP 2輪車 家電
1,000	カンボディア(925) ミャンマー(868) バングラデシュ(797) ネパール(690)	ケニア(966) タンザニア(682) ルワンダ(681) シエラレオネ(615)		△低所得国 携帯電話 貧困の罠
500		エチオピア(489) マラウィ(250)		◇脆弱国 キャパシティの罠 正当性の罠

第 5 章　途上国のエネルギー事情と再生可能エネルギー開発

　表 5-1 途上国の国民所得水準[2]に示したように、支援を必要としている
BOP、すなわち経済的ピラミッドの底辺にあたる一人あたり国民所得 3,000
ドル以下の国々はアジア、アフリカ地域に集中しています。BOP の国々で
は GDP が低いと電化率も低いという傾向があります。BOP の人口は 40 億人、
電気のない生活をしている人は 13 億人と推定されています。また、中所得
国、高所得国には経済発展に伴って石炭火力発電へのニーズが高い国もあ
り、非化石エネルギーへの転換を支援する必要があります。実際、我が国
は ODA を通じて 2009〜2013 年の 5 年間で累計約 100 億ドルに上る途上国支
援をエネルギー分野に振り向けてきました（OECD/DAC メンバーの中でトッ
プドナー）[2]。

　本章では途上国のエネルギー事情と再生可能エネルギー開発の現状を紹
介します。ただし、外務省は危険情報を発出していて、西アジア、アフリ
カ北部の多くの国・地域がレベル 4（退避勧告）、あるいはレベル 3（渡航
中止勧告）になっており、治安の回復が最優先課題となっています。そこ
で、ここでは比較的治安が安定している東アジア、海面上昇の危機に直面
している大洋州地域、ならびにアフリカの地熱地帯の国々を取り上げます。
このうち、2017 年 1 月現在で、インドネシア、バングラデシュ、フィリピ
ン、ベトナム、タイ、ラオス、カンボジア、ミャンマー、モルディブ、パ
ラオ、ケニア、エチオピアが JCM パートナー国[3]となっています。また、
本章の最後に、世界銀行などの環境社会配慮政策を紹介します。

　参考文献　第 5 章 途上国のエネルギー事情と再生可能エネルギー開発　冒頭部分
(1)　世界銀行東京事務所ＨＰ：世界銀行グループ、気候変動の新行動計画を発表、2016 年 4 月 17 日
(2)　鈴木薫：エネルギー分野における JICA の海外協力の取り組み、土木学会エネルギー委員会環
　　 境技術小委員会講演会　「再生可能エネルギー開発の海外展開-JICA の取り組み-」資料、2016
　　 年 1 月 27 日
(3)　経済産業省 HP：二国間クレジット制度の最新動向、平成 29 年 1 月

－ 100 －

コラム8　国民総幸福量・持続可能な開発目標・米政権パリ協定脱退表明の背景

　1990年代からブータンが提唱している国民総幸福量 GNH（Gross National Happiness）を指標とした政策の推進は経済成長を重視する姿勢を見直し、伝統的な社会・文化や民意、環境にも配慮した「国民の幸福」の実現を目指す考え方とされています。一方、2015年9月の国連サミットで採択された「持続可能な開発のための2030アジェンダ」では持続可能な開発目標 SDGs（Sustainable Development Goals）として17のゴールを掲げています。GNHとSDGsは下のように多くの点で共通しています。（各項目は外務省のホームページから引用しています。）

　GDPとエネルギー消費量は正の相関がありますが、GNHを増大させても、あるいはSDGsを目指してもエネルギー消費量の抑制はできるものと期待されます。

　SDGsは地球上の誰一人として取り残さないことを誓い、発展途上国のみならず、先進国自身が取り組む普遍的なものです。2017年6月に米国トランプ政権がパリ協定からの脱退を表明した背景にはエネルギー多消費産業を支えてきた地域の衰退がありますが、こうした地域の人々にとってもSDGsは未来への希望であるはずです。

第 5 章　途上国のエネルギー事情と再生可能エネルギー開発

５．１中国

エネルギー政策の方針

　中国の一次エネルギー消費量[1]は 2002 年から 2012 年の 10 年間で 2.3 倍に増加し、2012 年の内訳は石炭 67％、石油 18％、天然ガス 5％、水力・風力・原子力の合計 9％程度です。全体の自給率は 92％ですが、石油は 45％で、半分以上を輸入しています。

　2013 年に発表された「エネルギー発展第十二次 5 ヵ年計画」の基本方針[1]は以下のとおりです。

1) エネルギー消費の増加量と総量に制限を設け、省エネ社会を目指す。
2) 国産エネルギー資源の備蓄システムを構築する。対外依存度を抑える。
3) 天然ガスと非化石エネルギーを拡大し、クリーンコールテクノロジーを導入する。
4) 生態環境保全に配慮したエネルギー資源の開発利用。
5) 市場原理に基づくエネルギー価格制度を確立する。
6) エネルギー関連の人材を育成し技術力を高める。
7) 新しい国際秩序を確立して、海外諸国とのウインウインの関係を築く。
8) 農村部のエネルギー貧困地域を解消する。

以上を踏まえ、2015 年末時点で単位 GDP 当たりのエネルギー消費量を 2010 年比 16％削減するとしています[1]。

再生可能エネルギー開発

　再生可能エネルギーの基本法である「再生可能エネルギー法」が 2006 年 1 月に施行され、再生可能エネルギーの開発・導入・普及を図るための基本的な枠組みが整備されました。この法律の主なポイント[1]は、(1) 電網企業[*]に対して再生可能エネルギー発電による電力の全量買取義務を課したこと (2) 卸電気料金は政府の認可制とすること (3) 電網企業の負担分は小売電気料金に転嫁できることなどです。

　＊ 国家電力公司から分割された、送配電および小売を行う企業。

　2007 年 9 月には国家発展改革委員会（発改委）が「再生可能エネルギー中長期発展計画」を発表しました。その中で発電事業者に対する強制割当制

－ 102 －

度（RPS）が明記されました。 RPS は 500 万 kW 以上の発電設備容量を保有する発電事業者に一定割合（2010 年に 3%、2020 年に 8%）の再生可能エネルギー発電設備容量（水力を除く）の保有を義務付けるというものです[1]。

　そうした政策によって、2010 年の発電設備容量は 2005 年比で水力 1.8 倍、バイオマス 2.8 倍、太陽光発電 11 倍、風力は 25 倍にもなりました。さらに、2012 年には「再生可能エネルギー発展第十二次 5 ヵ年計画」が発表され、政府はこの計画によって一次エネルギーに占める非化石エネルギーの割合を 2020 年には 15% とし、エネルギーの供給不足の緩和と環境汚染の軽減を実現するとしています。また、2009 年の COP15 では省エネ強化、エネルギー利用率向上によって 2020 年に単位 GDP 当たりの CO_2 排出量を 2005 年比 40〜45% 削減すると発表しています[1]。

水力発電

　2005 年に公表された包蔵水力の経済的開発可能量は 4 億 179 万 kW で、その分布は、東部では少なく、経済が比較的立ち遅れている西部 12 省＊に全体の 80% 以上が集中しています[1]。経済が発達し電力需要量の大きい東部沿岸部の 10 省＊＊の水力資源量は、全体の約 5% を占めるにすぎません[1]。2009 月 11 年末の水力発電所設備容量は 1 億 8,765 万 kW で、2020 年の目標を 4 億 2,000 万 kW（一般水力 3 億 5,000 万 kW、揚水 7,000 万 kW）としています。その内、5 万 kW 以下の小水力発電所は 2008 年末の 5,100 万 kW から 2020 年には 7,500 万 kW にすることを目標にしています[1]。

＊雲南省、貴州省、四川省、重慶市、陝西省、甘粛省、寧夏自治区、青海省、新疆ウイグル自治区、広西チワン族自治区、内蒙古自治区、チベット自治区
＊＊遼寧省、北京市、天津市、河北省、山東省、江蘇省、浙江省、上海市、広東省、福建省

風力発電

　据付けベースの風力発電設備容量は 2005 年以降、前年比倍増のペースで伸びて、2012 年末時点で 7,532 万 kW になっています。さらに「再生可能エネルギー発展第十二次 5 ヵ年計画」では送電系統に連系される風力発電設備容量を 2020 年に 2 億 kW にするとしています。また、洋上風力発電所の開発を積極的に進め、2020 年には 3,000 万 kW にする計画となっています[1]。し

－103－

第5章　途上国のエネルギー事情と再生可能エネルギー開発

かし、電網整備計画に適合しない無秩序な乱開発によって送電線系統への連系不能が大きな問題になっています。2008年に据付けを完了した風力発電機容量に対して系統接続した容量は69％でした。そこで、2010年4月に改正再生可能エネルギー法が施行されました。改正法のポイント[1]は二つあり、一つは、送配電企業による再生可能エネルギー発電電力の全量買取の前提となる「最低卸料金」の設定（第十四条）にあたって国家電力監管委員会の関与を深めるという方向性が示されていること、もう一つは「再生可能エネルギー発展専門基金」への政府関与の強化（第二十条、二十四条）で、従前の再生可能エネルギー賦課金に加え、国家財政特別資金を注入し政府基金の性格を持たせたことです。

太陽光発電

　中国では、太陽光発電は配電線の敷設が困難な辺境の未電化地域への電力供給源としても有効であると考えられています。また、国内には広大な砂漠があって太陽光発電の開発余地が大きく、「再生可能エネルギー発展第十二次5ヵ年計画」では2020年に太陽光発電を5,000万kWにするとしています。2015年末の累積設置容量は速報値で4,158万kWとなっています[2]。中国の太陽電池メーカー（LDK、サンテックなど）は世界全体の30％のシェアを占めていますが、98％が輸出され、国内で使われることはほとんどありませんでした。このため政府は、技術力と資金力のある優良企業の研究開発を支援して、国内における太陽光発電の普及を進めようとしています。300kW以上の太陽光発電プロジェクトには補助金が支出され、太陽光発電の卸電気料金をチベット自治区では1kWhあたり1.15元に、チベット自治区以外では1.0〜1.15元に設定しました[1]。

参考文献　5.1　中国
(1) 海外電力調査会：海外諸国の電気事業　第1編　2014年版（下巻）第19章　pp.131-166.
(2) 海外電力調査会HP：各国の電気事業、中国、3. 再生可能エネルギー導入政策・動向

５．２インド

一次エネルギー供給

2010年におけるインドの一次エネルギー総供給の構成は石炭が約42%、バイオ燃料・ゴミ等25%、石油23%、天然ガス8%、水力1%、原子力1%、となっています。バイオ燃料・ゴミ等というのは大部分が薪炭と考えられます。原子力の割合はわずかですが、民生用の国際原子力協定が締結されるなど、今後の利用拡大が見込まれています。自給率は75%で、個々の資源でみると、石炭85%、石油26%、天然ガス80%となっています[1]。

電源構成

発電電力量は、経済成長に合わせておおむね年率5%以上のペースで増加しています。2011年度の発電電力量の約8割を火力発電が占め、なかでも石炭火力が全体の7割近くを占めています[1]。2012年度の発電設備容量は約2億2,300万kWで、その構成は火力68%、水力18%、原子力2%、再生可能エネルギー12%です。近年は再生可能エネルギーの伸びが大きく、2001年3月末の1%から12%にまで上昇しています[1]。

再生可能エネルギーの導入状況

再生可能エネルギー発電設備(2万5,000kW以下の小規模水力を含む)は、2011年度末現在、総発電設備容量の約12%に相当する約2,500万kWでした。「第12次五ヵ年計画」(2012～2016年度)では、発電設備容量をさらに3,000万kW増強する目標が掲げられています。再生可能エネルギーは、環境対策としてだけでなく、慢性的な電力不足に対する供給力、地方電化の重要手段として位置付けられ、積極的な導入が図られています。

インドはデカン高原のある南部や西部を中心に風況に恵まれていて、民間資本が主体となって風力発電の開発が進んでいます。2012年末時点の導入量は、中国、米国、ドイツ、スペインに次いで世界第5位で、国内風力タービンメーカーであるスズロン・エナジーは世界有数のシェアを占めています。また、インドは全土で日照条件にも恵まれ、国土の大半で1日当たり5～7kWh/㎡の日射量があるとされています。2009年11月に策定された「太陽エネルギー国家計画」では、系統に連系される太陽光発電設備を2009年の約6,000kWから2022年までに2,000万kWに拡大し、オフグリッドの太陽光発電設備を200万kWにする目標が設定されています。

固定価格買取制度など

　2009 年 9 月に固定価格買取制度がスタートしました。その対象となるのは系統に連携されている以下の 5 種類の再生可能エネルギー発電です。

　①風力(高さ 50m 地点の年間平均風力密度 200W/㎡以上)

　②2 万 5,000kW 以下の小規模水力

　③バイオマス(全燃料消費に占める化石燃料の年間平均割合が 5%以下)

　④非化石燃料を用いたコジェネ

　⑤太陽光・太陽熱

固定価格買取制度の他にも以下のような政策がとられています。

太陽エネルギー国家計画：州電力規制委員会に対し太陽光に限定した RPS 制度導入を要請

再生可能エネルギー購入義務制度：配電会社、発電会社から直接供給を受ける大口需要家、および自家発電設備を持つ需要家に対し、一定割合の再生可能エネルギー調達を義務付ける制度

再生可能エネルギー証書：再生可能エネルギー発電事業者は、電力の環境付加価値を分離し再生可能エネルギー証書(REC)として取引可能

国家クリーンエネルギー基金：国内炭および輸入炭に対し 1t 当たり 50 ルピーを課税、税収を再生可能エネルギーの研究およびプロジェクトに充当

太陽光発電で 100%運営する空港

　インド南部ケララ州のコーチン国際空港は以下のような太陽光発電プロジェクトの運用を 2015 年 8 月にスタートし、太陽光発電によって全消費電力を賄う世界初の空港になりました[2]。

　　空港の一日の消費電力量：約 4 万 8,000kWh

　　一日の発電電力量：6 万 kWh 以上

　　ソーラーパネル：4 万 6,150 枚

　　設置場所：貨物専用コンテナ施設周辺用地 約 18 万 ㎡

　　プロジェクト費用：約 620 億ルピー （930 万ドル）

　　投資額の回収期間：6 年。

CO$_2$の排出削減： 25年間で30万t以上（300万本の植林に相当）。

日中の余剰分は送電網を使って売電し、夜間および太陽光が十分でない日は送電網から電気を買い戻しますが、実質CO$_2$排出ゼロを達成しています[2]。

クリーン開発メカニズム（CDM）の実施状況

インドはCDM事業の受け入れで世界有数の実績を持っています。 2012年11月現在、国連CDM理事会で登録されたインドのプロジェクト案件は959件で世界第2位、全体の約19%を占めます。959件のうち801案件（約84%）が、開発途上国のみが関与するユニラテラル・プロジェクトであることが特徴となっています。プロジェクトの種類別件数は風力発電360、バイオマス利用203、水力発電102、省エネ87、排ガス・廃熱利用73などとなっています[1]。

参考文献 5.2 インド
(1) 海外電力調査会：海外諸国の電気事業 第1編 2014年版（下巻） 第22章 pp.225-258
(2) CIAL" Cochin International Airport Limited" : Kochi airport becomes world's first to completely operate on solar power.

5．3インドネシア

小規模再生可能エネルギー開発計画[1]

インドネシアは、ASEAN唯一のG20（主要20カ国・地域）のメンバー国として発展を続け、BRICs（ブラジル、ロシア、インド、中国）と肩を並べるほどの経済成長を見せています。2011年の全国の世帯電化率は72%となっていますが、ジャワやスマトラなどの主要都市部周辺の電化率が比較的高いのに対して、山間部の僻地や東部のヌサトゥンガラ・パプア地域などでは未電化の貧困地域を多く抱え、電化率が20〜30%程度の地域も多いです。PLN（インドネシア国有電力会社）の配電系統から離れた地域では地方政府や共同組合の主導のもと、ディーゼル発電のほか、再生可能エネルギー（主として小水力、太陽光、加えてバイオガス）を利用した電化が進められています。PLNは小規模再生可能エネルギー（1万kW以下）開発計

画として 2012 年から 2021 年までの 10 年間で小水力 148 万 8,000kW、太陽光発電 85 万 5,000kW、バイオマス発電 44 万 7,000kW などを目標としています。

地熱発電[1]

インドネシアはスマトラに 1,300 万 kW、ジャワに 1,000 万 kW、スラウェシに 300 万 kW など、合計 2,800 万 kW 以上 299 箇所の豊富な地熱エネルギーのポテンシャルを持っているとされていますが、2012 年現在で、まだその 5%以下、134 万 1,000kW しか利用されていません。国家エネルギー政策に関する大統領令 (2006) では、2025 年の地熱発電の目標を 950 万 kW, 全エネルギーの 5%としています。

水力発電[1]

1999年に行われた包蔵水力調査で第3次スクリーニングをパスしたポテンシャルは約2,150万kW、2011年にJICAが行ったインドネシア国水力開発マスタープラン調査で出たポテンシャルは約1,390万kW、地域別ではスマトラ島440万kW、ジャワ地域が460万kW、カリマンタン島40万kW、スラウェシ島320万kWとなっています。またPLNによれば、小水力発電（容量1万kW 以下）のポテンシャルは100万～200万kWと見積もられています（PLN講演資料 2013 年9 月4 日）。

2013年時点の水力発電所は西インドネシアで11ヵ所100万kW、ジャワ・バリで19ヵ所230万kW、東インドネシアで7ヵ所20万kWの合計約360万kWとなっています。小水力発電所は西インドネシアで41ヵ所3万6,000kW、ジャワ・バリで44ヵ所7万5,000kW、東インドネシアで45ヵ所7万kWの合計約18万kWとなっています。

エネルギー鉱物資源省による2025年までの水力開発計画では1,680万kWを目指すとしています。また、ジャワ-バリ系統のピーク需要を満たすため、3地点、合計244万kW の揚水発電所が計画されています。さらに、スマトラで40万kW の揚水発電、東ジャワで80万kW の海水揚水発電が将来の研究対象とされています。

バイオマス発電[1]

－108－

エネルギー鉱物資源省によるとバイオマス発電の総ポテンシャルは4,981万kW、そのうち都市固形廃棄物が187万kW、パーム油廃液が50万kW、バガス（サトウキビの絞りかす）が16万kW としています（エネルギー鉱物資源省資料2013 年3月）。

インドネシアは世界最大のパーム油生産国であり、世界の総生産量の約半分を占めています。パーム油工場は全土に分布し、その数は合計500を超えています。オイルパーム（アブラヤシ）の実の残滓であるEFB（Empty Fruit Bunch：パームの空果房）は塩素の含有量が少なく、4,400kcal/kg-dry の木質バイオマスであり、有望なバイオ燃料として注目されています。

2013 年 2 月までに送電線に接続されたバイオマス発電所の容量は 7 万5,500kW に留まっています。バイオマスエネルギーの開発計画は2025 年に814 万 9,000kW を目標としていますが、パーム油工場やごみ最終処分場では通常あまり電力を必要としないため、余剰電力を PLN に買い上げてもらうか、隣接地に電力を供給できないと事業の成立が難しくなります。しかしパーム油工場やごみ最終処分場などのサイトは電力需要地から離れたオフグリッドの地域にある場合が多く、送電線の接続が困難であるなどの課題があります。

太陽光発電[1]

インドネシアのような群島国では、太陽光発電はオフグリッド地域における地方電化に有効な手段です。エネルギー鉱物資源省によると、インドネシアの太陽エネルギーのポテンシャルは、インドネシア西部で4.5kWh/m²/day、インドネシア東部で5.1kWh/m²/day、平均で 4.80 kWh/m²/day（全体で 12 億 kW [2]）とされています。また、太陽光発電の開発計画（エネルギー鉱物資源省資料 2013 年 12 月）では 2025 年に 8 億 3,400 万 kW を目標にしています。2014 年 2 月現在の発電容量は 1 万 3,500kW で、目標達成には補助金の導入など様々な対策が必要になると考えられます。

海洋エネルギー・風力発電[1]

インドネシアは 13,466 の島々（インドネシア地理空間情報局 2013 年

10 月 18 日発表）が東西約 5,000km、南北約 1,7C0km の海域に広がる世界
1 位の島嶼国であり、同時に豊富な海洋エネルギーのポテンシャルを有し
ています。2013 年インドネシアで開催された APEC の再生エネルギー関連
会議（APCRES 2013）では、地熱と並び、最も発表時間・件数が多かったエ
ネルギーであり、今後海洋エネルギーの開発に力を入れようとするインド
ネシアの意思が汲み取れます。実質的資源量は海洋温度差 4,300 万 kW、潮
力 480 万 kW、波力 120 万 kW と見積もられています。2011 年には海洋エネ
ルギーの利用拡大を促進するためにインドネシア海洋エネルギー協会
（Indonesian Ocean Energy Association ; INOCEAN）が設立されました。

　風力発電については赤道地域に位置しているインドネシアでのポテンシ
ャルは比較的小さく、隣接する 2 つの島、あるいは山の斜面など、場所に
よっては地理的に風が吹く地域が存在するものの現在その発電容量は
1,600kW にとどまっています。（BPPT 講演資料 2013 年 10 月）

参考文献　5.3 インドネシア
(1) 島本和明：インドネシアの電力事情、平成 25 年度国際即戦力育成インターンシップ事業報告
　　書、2014 年 2 月
(2) 海外電力調査会：海外諸国の電気事業 第 1 編 2014 年版　下巻、第 14 章　pp.1-26

５．４マレーシア

電力供給の概要[1]

　マレーシアの電力は、2013 年時点で国内需要量は 1,186 億 kWh、国内
供給量は 1,321 億 kWh です。国内需要のうち企業向けが 922 億 kWh と
77.8％を占め、残りの 264 億 kWh が家庭・公共向けです。国営電力会社で
あるテナガ・ナショナル(TNB)がマレーシア半島で電力供給を行い、東マレ
ーシアはサバ電力公社(SESB)とサラワク電力供給公社(SEB)がそれぞれボ
ルネオ島北部の東側サバ州と西側サラワク州に電力供給しています。総設
備容量 270 万 kW の電源構成はガスと石炭による火力発電が主で、2013 年
は天然ガス 53.6％、石炭 28.9％、水力 14.7％、石油 0.6％、その他（ディ
ーゼル、バイオマス）2.2％となっています[2]。

5.4 マレーシア

再生可能エネルギー導入状況[3]

マレーシアでは 2011 年 4 月に議会で承認された The Renewable Energy Act 2011 を契機として再生可能エネルギーの導入が進められています。この法律により、持続可能エネルギー開発庁が設置され、2011 年 12 月に再生可能エネルギー固定価格買取制度が導入されました。対象となる再生可能エネルギー発電は小水力、太陽光、バイオマス、バイオガスです。買取価格は設備規模によって異なりますが、買取期間は設備規模によらず小水力と太陽光が 21 年間、バイオマスとバイオガスが 16 年間です[4]。固定価格買取制度の運営資金は全体の電気料金の 1％であり、利用者が負担することになっています。設備認定容量が募集期間毎に決められていること、買取価格は認定時期のほか、稼働開始時期によって減額する制度があるなど確実な普及を推し進めるような制度になっています。2013 年の認定設備累積容量は太陽光（個人）1 万 6,000kW、太陽光（非個人）18 万 3,000kW、小水力 13 万 1,000kW、バイオマス 16 万 7,000kW、バイオガス 3 万 kW の合計 52 万 7,000kW です。

表 5.4-1 に再生可能エネルギー発電の導入目標を示します。

表 5.4-1　マレーシアの再生可能エネルギー発電導入目標

出典：新エネルギー財団　アジア・バイオマス協力推進オフィス[5]

	バイオマス	バイオガス	小型水力	太陽光	廃棄物	合計（MW）
2011	110	20	60	9	20	219
2015	330	100	290	65	200	985
2020	800	240	490	190	360	2,080
2025	1,190	350	490	455	380	2,865
2030	1,340	410	490	1,370	390	4,000
2035	1,340	410	490	3,700	400	6,340
2040	1,340	410	490	7,450	410	10,100
2045	1,340	410	490	12,450	420	15,110
2050	1,340	410	490	18,700	430	21,370

2030 年の再生可能エネルギーによる累積発電設備容量は全発電設備容量の 17％に相当する 400 万 kW を目標としています。バイオマスは 2030 年以降 134 万 kW、バイオガスは 2030 年以降 41 万 kW、小水力は 2020 年以降 49 万 kW と上限量に達して、その後増加しないのに対し、太陽光発電は増

- 111 -

第5章　途上国のエネルギー事情と再生可能エネルギー開発

加を続け、2050年には1,870万kWに達する導入を目指しています。

バイオマス[6]

　マレーシアは、インドネシアに次いで世界第2位のパーム油生産国であり、作付面積は約350万haに及び国土の11%を占めます。その生産量は年間で約1,700万tに達しています。パーム油関連製品の輸出額は約600億リンギット（1兆8,000億円相当）とGDPの8%を占めており、パーム油産業はマレーシアの一大産業です。2011年11月にマレーシア政府は、国家バイオマス戦略（NBS）を発表しました。NBSのテーマは、「バイオマスから富を」です。国として、バイオマスの競争力強化を図ることを宣言したものです。この宣言では、マレーシアが世界を牽引するような革新的なバイオ産業を生み出すことを目標としています。

　現在、パーム油生産に伴い、固体バイオマス（空果房、繊維）が8,000万t、パーム油廃液が6,000万t発生しており、そのうち90%が廃棄されています。2020年には固体バイオマスが8,500万t～1億1,000万t、パーム油廃液が7,000万t～1億1,000万tになると政府は試算しています。NBSでは、廃棄されている固体バイオマスについては木質燃料（ペレット）、発電、及びバイオ燃料として利用するとしています。パーム油廃液はメタンを回収してエネルギーとして利用拡大を図ることを目指しており、2020年までに300億RM（マレーシア・リンギット）（7,380億円相当）の収入増加と7万人の雇用創出を見込んでいます。

　政府は、2020年におけるCO$_2$排出量を、2005年比で40%削減する方針を打ち出しており、この目標の達成には、パーム油廃液からのバイオマス利用の成功が必須です。パーム油廃液から発生するバイオガス（メタン）を発電に利用することができれば、40万kWの発電が得られ、かつ12%のCO$_2$排出量削減効果があると言われています。

　パーム油廃液からのバイオマス高度利用を効率的に進めるために、官民パートナーシップである「パーム油・バイオマス・センター(Oil Palm Biomass Center)」が2012年3月に設立されました。マレーシアの、パーム油生産会社(Sime Darby、IOI、Felda)、大学 (Technical Universities of

－112－

Malaysia, University Purta Malaysia）が一体となって、バイオ燃料、バイオエネルギー、バイオ化学製品の開発を行っています。これによりパーム油産業の GNI（Gross National Income）を、現在の年間 500 億 RM（1 兆 7,000 億円相当）から、2020 年には更に年 300 億 RM（1 兆円相当）上乗せできると政府は試算しています。

太陽光発電[5]

　マレーシアは、2005〜2010 年に行った建材と太陽電池を一体化した「建材一体型太陽光発電プロジェクト」（総予算 2,500 万 US ドルで、モデル事業の実施、国内太陽電池産業の支援、インフラ整備）に引き続き、2011 年 12 月には再生可能エネルギー固定価格買取制度を開始し、太陽光発電の導入を積極的に推進しています。　この太陽光発電の普及促進策を含め、マレーシア再生可能エネルギー政策（Malaysian RE Policy）により、政府は 2050 年には電力の 73％を再生可能エネルギーでまかなうことを目標としています。

参考文献　5.4 マレーシア
(1) 海外電力調査会：海外諸国の電気事業　第 1 編　2014 年版　下巻　第 15 章　pp.27-50.
(2) 海外電力調査会 HP データ集、各国の電気事業（アジアの 9 か国・地域）：マレーシア
(3) 新エネルギー財団　アジア・バイオマス協力推進オフィス HP　トピックスアーカイブ：マレーシアにおける再生可能エネルギーの導入状況、2014.11.5
(4) 環境省 HP 廃棄物・リサイクル対策、循環型社会関連、我が国循環産業の国際展開、4.循環産業に関する海外情報及び我が国の国際事業一覧、マレーシア：平成 26 年度環境省請負調査報告書【FIT】
(5) 新エネルギー財団　アジア・バイオマス協力推進オフィス HP　トピックスアーカイブ：太陽光発電の導入および製造工場建設に意欲的なマレーシア、2012.11.1
(6) 新エネルギー財団　アジア・バイオマス協力推進オフィス HP トピックスアーカイブ：　マレーシアは「バイオマスから富を」の国家バイオマス戦略を発表、2012.1.12

5．5 バングラデシュ

国土と気候[1][2]

　バングラデシュは、国土の約 80％が国外から流入するガンジス川、ブラマプトラ川、メグナ川の三大河川によって造られた氾濫原であり、北部など一部の温帯地域を除き多くが熱帯です。モンスーンの影響を強く受け、

第5章　途上国のエネルギー事情と再生可能エネルギー開発

雨季には三大河川からの流入に加え国内の降雨により毎年洪水が発生し、国土の約3割が冠水するほか、サイクロンによる被害を受けることも多いところです。

一次エネルギー供給[3]

　バングラデシュは天然ガスの生産が盛んで、2012年の一次エネルギー供給の構成は天然ガス55.3%、非商業エネルギー26.8%、石油15.0%、石炭2.7%、水力0.2%となっています。非商業エネルギーは薪や農業廃棄物、家畜の糞などです。自給率は全体で82%ですが、石油は5%、石炭は46%です。天然ガスの生産量は2000年からの12年間で2.4倍に増えましたが、供給が需要に追いつかないため、発電所の運転などに大きな影響が出ています。このため、2006年から石炭の国内生産が開始され、西部の石炭火力発電所(1ヵ所)に供給されています。ただし、埋蔵量は約15億tと小規模です。

再生可能エネルギーの開発方針

　電力・エネルギー・鉱物資源省は2008年11月に「再生可能エネルギー政策」を策定し、電力供給量に占める再生可能エネルギーの割合を2020年には10%にすることが目標になりました[3]。2012年には持続・再生可能エネルギー開発庁が設立され、効率的な電力・エネルギーの使用や省エネの促進、電力・エネルギー機器の標準化やラベリングの推進、効率の悪い設備の生産・輸入・販売の禁止、再生可能エネルギー開発プロジェクトの形成、再生可能エネルギー料金の提案などの役割を担っています。加えて、CDMの技術的支援も行っています。

再生可能エネルギーの現状[4]

　2013年度までに導入された再生可能エネルギー発電の設備容量は40万3,000kWです。その内訳は水力発電が57%、1996年に開始された非電化地域のソーラーハウスシステム(SHS)が37%、公共施設や新築ビルのルーフトップ太陽光発電が4%で3つを合わせると98%になります。

水力発電[3]

　水力発電所はチッタゴン丘陵にあるKaptai発電所(23万kW)だけで、同

－114－

丘陵に数力所の開発可能地点がありますが、少数民族の居住地であるため開発は進んでいません。全国的に海抜が低く、丘陵や台地は国土の約10%を占めるに過ぎません。

太陽光発電[3]

太陽光発電は世界銀行やバングラデシュの NGO(Grameen Shakti)などによる電力系統に接続しない(オフグリッド地域の)小規模太陽光発電(SHS:Solar Home System)の普及を図っており、2010 年 6 月時点で合計 3 万 kW に達しています。

風力発電[3]

風力発電に適した風速が毎秒 5m を超える地点が沿岸部の数力所に限られているため、開発は進んでいません。これまでに沿岸部の Feni 地点と Kutubdia 地点に合計 2,000kW の風力発電設備が建設されています。

再生可能エネルギー導入計画[4]

現在、独立 50 周年の 2021 年に向けて、再生可能エネルギーによる発電を全発電設備容量の 10%にする計画を推進しています。この導入計画においても SHS が 77%と重視されています。次いで調理用バイオガスプラントが 13%で、薪の利用による自然破壊を防止するために 10 万件の導入が予定されています。

参考文献　5.5 バングラデシュ
(1)　岡太郎：バングラデシュの洪水災害. 京都大学防災研究所年報　第 47 号 A．2004.4
(2)　田澤裕之：バングラデシュにおける気候変動の影響と対策. ARDEC 2010 年 4 月号
(3)　海外電力調査会：海外諸国の電気事業　第 2 編　2015 年版（上巻）　第 3 章、　pp.299-308.
(4)　新エネルギー財団 アジア・バイオマス協力推進オフィス HP トピックスアーカイブ. バングラデシュの再生可能エネルギー、2015.1.29

５．６フィリピン

国土

フィリピンは主に北のルソン島、南のミンダナオ島、両者に挟まれたビサヤス地域の諸島、ならびにルソン島の南西沖のパラワン島、ミンダナオ島南西沖のスル諸島からなる 7,000 島を超える多島海国家です。

－ 115 －

第5章　途上国のエネルギー事情と再生可能エネルギー開発

エネルギー需給[1]

　2010 年の一次エネルギー国内生産は 2,340 万 toe で、国内供給 4,050 万 toe に対する自給率は 58% です。国内生産の構成比は地熱・太陽光等 36%、石炭 15%、天然ガス 13%、原油 4%、水力 3%、その他 29% です。地熱・太陽光等の大部分は地熱、その他は薪炭などと思われます。2001～2010 年の 10 年間で石炭、天然ガス、原油の国内生産は大きく伸びています。最終エネルギー消費量はおおむね横ばいで、2010 年には 2,380 万 toe となっています。用途別では、運輸 34%、工業 27%、家庭 26%、商業・公共サービス 11% などとなっています。

エネルギー生産[1]

　国内には天然ガスや石炭、地熱、水力資源などがありますが、政府は、エネルギー自給率の向上を目指し、油田・ガス田開発や炭鉱開発などを進めています。2000 年代に入りパラワン島沖合で大規模ガス田の開発が進められたことなどが奏功し、エネルギー自給率は、2010 年には 57.9% と 2000 年に比べ約 10% 上昇しました。さらに化石燃料資源の開発を進めるとされています。

また、フィリピンは火山国で豊富な地熱資源があり、米国に次ぐ世界第 2 位の地熱発電設備を保有しています。水力資源も比較的豊富で、大規模なものから開発が進められています。このほか、農業が盛んで、農業廃棄物を中心とした非商業エネルギー資源も多いです。

石炭[1]

　国内には、ルソン島北部、ビサヤス地域の各島およびミンダナオ島に計 13 ヵ所の石炭盆地があります。　エネルギー省は可採埋蔵量を 4 億 4,000 万 t としています。2011 年の生産量は 761 万 t、輸入量は 1,097 万 t でした。

天然ガス[1]

　確認埋蔵量は 3.4～5.4Tcf（テラ立方フィート）（約 960～1,530 億 ㎥）とされていますが、2012 年に南沙諸島近海の Sampaguita ガス田に最大 20Tcf（約 5,700 億 ㎥）が賦存している可能性も浮上しています。国内最大規模の Malampaya*ガス田は、最大可採埋蔵量が 2.5～3.7Tcf（約 710～1,050

－ 116 －

億 m³) と推定され、これは 300 万 kW 級の火力発電所を約 20 年間運転でき
る量です。このガス田の天然ガスは、2001 年の供給開始以降、発電燃料と
して利用され、海底パイプライン(延長 504km)によりルソン地域南部の 3
カ所の発電所へ供給されています。政府は、今後もパラワン島沖合を中心
にガス田開発を推進するとしています。

＊パラワン島北端から約 80km の離島

石油[1]

パラワン島沖の Nido 油田では 1979 年から 2002 年までの累計生産量が
5,000 万バレル程度となっています。エネルギー省が 2000〜2001 年に実施
した石油資源評価では、埋蔵量は約 90 億バレルと推定され、有望地点はパ
ラワン島周辺に集中しています。

エネルギー政策[1]

近年、フィリピンは高い経済成長を遂げていますが、エネルギー需要は
それほど伸びていません。そうしたなか、政府は、2012 年に鉄鋼事業を投
資優先事業に新規追加するなど、重工業部門の事業促進を図る方針を打ち
出していることから、今後、エネルギー需要が増加するとみられます。
エネルギー省はエネルギー需要の増加に対応するため、重点施策として国
内資源である石油、石炭、天然ガス、再生可能エネルギーの開発を促進し
ています。

電源構成[1]

2001 年から年率約 4%で増加している発電量を支える発電設備容量は
2011 年に 1,605 万 kW に達しました。その間、エネルギー自給率の向上に
向けて老朽化したディーゼル設備や石油火力設備が順次廃止され、石油か
ら石炭や天然ガスにシフトし、あわせて揚水発電を含む水力開発を進めた
結果、2011 年の電源構成は石油 19%、石炭 30%、天然ガス 18%、水力 21%、
地熱 12%などとなっています。

水力発電[1]

包蔵水力は 1,310 万 kW と推定され、内訳は以下のとおりです。

− 117 −

水力（1万 kW 超）	1,122 万 kW
ミニ水力（100kW 超、1万 kW 以下）	185 万 kW
マイクロ水力（100kW 以下）	2万 7,000kW

2011 年までに開発された水力発電所は包蔵水力の 26%にあたる 343 万 kW で、ルソン地域 238 万 kW、ビサヤス地域 1 万 3,000kW、ミンダナオ地域 104 万 kW となっています。

地熱発電[1]

フィリピンは地熱資源に恵まれていて、資源量は 479 万 kW と推定され、米国、インドネシア、日本に次ぐ世界第 4 位です。発電設備容量は 2011 年末で 186 万 kW、全世界の地熱発電設備容量の 16%を占め、アメリカに次いで第 2 位です。発電所はルソン地域 5 ヵ所、ビサヤス地域 4 ヵ所、ミンダナオ地域 1 ヵ所の計 10 ヵ所で、2007 年にルソン地域で運開した Northern Negros 発電所を除き、ほとんどが 1990 年代以前に建設されたものです。

再生可能エネルギー計画と FIT、RPS

再生可能エネルギー計画 2012-2030 では 2030 年までに 154 万 8,000kW を追加導入するとしていて、その内訳は風力 38%、水力 27%、地熱 19%、バイオマス 14%、太陽光 2%です[2]。そのため、商業ベースに乗っている大水力と地熱には RPS を導入し、事業コストが高いミニ水力、マイクロ水力、風力、太陽光、バイオマスには FIT を導入しています[1]。

風力発電[1]

フィリピンは季節風が吹くアジア太平洋地域のモンスーンベルト周辺部に位置し、風力の技術的な開発可能容量は 740 万 kW と推定されています。風力発電設備は 2011 年末で、ルソン島北部に立地する Bangui Wind Firm の 1,650kW×20 基のみですが、ルソン島北沖合の島々、ルソン島北西部など風力発電の有望地点の開発を計画しています。

バイオマス発電[1]

国内には、大規模農業、畜産、林業などで出されるバイオマス資源（稲わら、もみ殻、バガス、ココナッツ殻など）が豊富にあり、そのポテンシャルは石油換算 3 億 2,300 万バレルと推定されています。 2011 年末時点

でバイオマス発電設備容量は2万kWです。また、バイオディーゼル2%混合燃料の使用とバイオエタノール 10%混合ガソリンの使用を義務付けています。

バイオディーゼルは国内で豊富に生産されているヤシ油(ココナッツオイル)を原料に十分な供給能力があります。サトウキビを主原料とするバイオエタノールは製造能力等の問題で国内供給が不十分なため、輸入によって需要を満たしています。このため、バイオエタノール製造工場建設の計画推進や、セルロース系バイオマスからのバイオエタノール製造研究が進められています[3]。

参考文献 5.6 フィリピン
(1) 一般財団法人 海外電力調査会:海外諸国の電気事業 第1編 2014年版(下巻)第16章 pp.51-76.
(2) 新エネルギー財団アジア・バイオマス協力推進オフィスHP トピックスアーカイブ:フィリピンはアセアンにおける最大の風力発電国、2016.7.1
(3) 新エネルギー財団アジア・バイオマス協力推進オフィスHP トピックスアーカイブ:フィリピンのバイオ燃料導入目標、2013.11.1

5.7ベトナム

エネルギー需給[1]

　ベトナムでは南部の沖合に油田とガス田、北部に石炭が存在するほか、国の北から南にかけていくつもの河川が西側国境地帯から東側の海へ注いでいることから水力資源も豊富です。原油は主要な輸出品目の一つで、2010年の生産量1,603万tに対して812万tを輸出しています。最大の輸出先は日本です。国内製油所の完成等に伴ってこれまで輸出していた原油を国内向けに回すようになっていますが、それでも石油製品1,250万toeを輸入しています。天然ガスはすべて国内で消費されており、ほとんどが火力発電用です。2010年の石炭生産量は2,465万toeで、そのうち1,112万toeを主に中国へ輸出しています。その結果、2010年の一次エネルギー供給の概略構成比は石炭25%、原油13%、石油製品20%、天然ガス14%、水力4%、薪炭等の非商業エネルギー25%となっています。

－ 119 －

エネルギー政策[1]

　ベトナムは高い経済成長に伴って国内のエネルギー需要も大きく伸びていますが、水力発電への依存度（50%）の高いベトナムでは乾季の水不足の際に電力不足となることが多くなってきています。そこで、LNG を輸入するためにベトナム初の受け入れ基地を建設しています。石炭についても2030 年までに国内生産を 6,500 万〜7,500 万 t に増産する予定です。加えて、包括的な省エネルギー関連制度を確立するため、日本からの支援も受け、「省エネルギーおよびエネルギーの効率的利用に関する法律（省エネ法）」を公布し、2011 年 1 月に施行しました。この制度の主な内容は、エネルギー消費の多い指定事業所への規制（エネルギー管理士の配置、エネルギー管理計画書・報告書の提出、3 年ごとのエネルギー診断）や、家電製品等を対象とした省エネルギーラベリング制度などです[2]。

電源構成と電力開発計画

　2012 年の概略電源構成比は、水力 50%、ガス火力（コンバインドサイクルを含む）28%、石炭火力 18%、石油火力 3%、ディーゼル 0.4%となっています。[1]

　2016 年 3 月、政府は第 7 次電力開発計画を見直し、石炭火力を減らして再生可能エネルギーを増やすことにしました。当初計画では考慮されていなかった太陽光発電が、見直し計画では最も重要な再生可能エネルギーとして 2020 年に 85 万 kW、2030 年に 1,200 万 kW という目標が立てられました。また、バイオマス発電は 2020 年から 2030 年の増加量として発電量で4.4 倍としています。以上により、再生可能エネルギー電力の設備容量の割合は、2020 年で 10%、2030 年で 20%と見込んでいます。[2]

水力発電[1]

　開発可能量は 750 億〜830 億 kWh（設備容量で 2,050 万 kW）と推定されていますが、近年、居住地の拡大、森林保護、他の開発との調整など、周辺環境の変化に伴って開発可能地点が減少しつつあることから、実際に開発可能な包蔵水力は約 550 億 kWh（1,200 万〜1,300 万 kW）と言われています。計画では、治水・灌漑・発電等の多目的プロジェクトを優先的に開発し、2020

年までに設備容量を 1,740 万 kW へ引き上げるとしています。系統運用の効率化の観点から揚水発電についても 2020 年までに 180 万 kW、2030 年までに 570 万 kW の導入を目指しています。

風力発電

　ベトナムの国土は南北に長く熱帯季節風気候であることから、風力発電ポテンシャルに恵まれています。風力発電に適した地域は島嶼部をはじめ沿岸部に分布しています。[1]

　風力発電の目標値を 2020 年までに 100 万 kW、2030 年までに 620 万 kW としています。2015 年 7 月現在、77 の風力発電のプロジェクト・事業化計画が進行中で、計画のある 18 の省の合計はすでに 723 万 kW に達しています。[3]

太陽光発電

　2014 年の時点で太陽光発電の導入量は 4 万 5,000kW に留まっています。このうち 80％が系統電力とは独立したオフグリッドで、20％が系統電力に接続されたオングリッドの実証事業です。[1]

　2015 年 9 月にベトナムで初めてのオングリッド 1 万 9,200kW のメガソーラー発電所の建設が開始され、これをきっかけに太陽光に恵まれたベトナムでの太陽光発電の普及が期待されています。[4]

バイオマス発電

　農業国であるベトナムでは、再生可能エネルギーの中でも、バイオマス発電は風力発電と並び有力視されています。[5]

　商工省によると、ベトナムにおけるバイオマスの資源量は 4,300 万〜4,600 万 toe です。このうち 60％が木質バイオマス、残りは農業副産物で、バガスと籾殻がバイオマス燃料として成立する可能性が高いとみられています。[1]

小水力発電

　小水力（3 万 kW 以下）は主に北部山岳地域と中部地域で開発が進められてきており、全水力設備の 10％程度を占めています。主に地方電化の供給源として開発が進められています。[1]

第5章　途上国のエネルギー事情と再生可能エネルギー開発

CDM、JCM の状況[1]

2013 年 6 月時点で登録済みの CDM プロジェクトは 202 件、内訳はバイオガス 16、バイオマス 11、水力 162、メタンガス 5、排熱・排ガス利用 1、風力 3、その他 4 です。そのうち日本の企業が参画しているのはバイオガス 3、水力 4 の 7 件です。 2013 年 7 月、日本とベトナムは JCM に関する文書「低炭素成長パートナーシップに関する日・ベトナム間の協力覚書」に署名しました。覚書では、本制度のもとでの排出削減または吸収量を、国際的に表明した日本側の温室効果ガス緩和努力およびベトナム側の「国として適切な緩和行動」の一部として使用することを相互に認めています。

参考文献　5.7 ベトナム
(1)　一般財団法人　海外電力調査会：海外諸国の電気事業　第 1 編　2014 年版（下巻）　第 18 章 pp. 105-130.
(2)　新エネルギー財団アジア・バイオマス協力推進オフィス HP　トピックスアーカイブ：ベトナムの第 7 次電力開発計画（PDP7）の見直し、2016.11.1
(3)　新エネルギー財団アジア・バイオマス協力推進オフィス HP　トピックスアーカイブ：ベトナムにおける風力発電導入状況、2015.7.6
(4)　新エネルギー財団アジア・バイオマス協力推進オフィス HP　トピックスアーカイブ：ベトナムで大型太陽光発電の設置スタート、2015.11.2
(5)　新エネルギー財団アジア・バイオマス協力推進オフィス HP トピックスアーカイブ：ベトナムでバイオマス発電導入のために優遇策実施、2014.8.1

５．８タイ

エネルギー需給[1]

2011 年の一次エネルギー供給量は 1 億 2,793 万 toe で、このうち国内生産量は 7,196 万 toe、エネルギー自給率は 56%です。国内生産の内訳は、天然ガス 44%、非商業エネルギー30%、石油 15%、石炭 8%などとなっています。輸入の内訳は石油 64%、石炭 16%、天然ガス 15%などとなっています。最終エネルギー消費に占める電力の割合は 18%です。

エネルギー生産[1]

石油と天然ガスの可採年数は 2010 年時点で 5〜10 年と短く、既に多くを

－122－

輸入しています。石炭の可採年数は 2010 年末時点で 55 年と比較的豊富で
すが、埋蔵量のほとんどは水分が多い褐炭で発熱量が低く 2,000～
3,100kcal/kg 程度です。

電源構成[1]

　2011 年の総発電設備容量 3,178 万 kW の構成は水力 11%、汽力（石油、天
然ガス、石炭）26%、コンバインドサイクル 51%、コジェネレーション 9%
などとなっています。

水力発電[1]

　包蔵水力は 1,500 万 kW とされていますが、2011 年時点で開発された水
力発電設備は 350 万 kW で、開発の余地が残されています。しかし、ダム建
設による森林伐採や水没などについて環境保護団体や市民団体の反対運動
が激化していることから、揚水以外の大規模開発は非常に困難な状況にあ
ります。

　雨季の洪水と乾季の水不足のリスクを抱える同国の治水は非常に難しく、
ほとんどの発電用ダムに治水機能を有するタイ発電公社 EGAT では、洪水ハ
ザードマップ、気象観測ステーション、観測データ発信システム、下流地
域アナウンス網などの洪水警報システムを構築し、定期的な住民避難訓練
なども実施しています。

再生可能エネルギー導入促進の施策[1]

　電力関連の環境対策として再生可能エネルギー発電やコジェネ発電を優
遇しています。具体的には、税制優遇(再生可能エネルギー関連機器に対す
る輸入関税の免除、法人税の時限的免除)や Adder（電力買取割増金制度）
があります。Adder は小規模な発電事業者が再生可能エネルギーを利用し
て発電した電力を売電する際、通常の売電価格に上乗せされるものであり、
2007 年に施行されましたが、申請が 2022 年の太陽光・太陽熱の目標値を
大幅に上回ったことから、2010 年から新規申請を見合わせています。

国内外の水力開発計画[1]

　国内には大規模ダムの開発余地がないことから、小水力と揚水の開発を

－ 123 －

第 5 章　途上国のエネルギー事情と再生可能エネルギー開発

計画しており、タイ政府が策定した Power Development Plan 2010R3 では、2030 年時点で 70 万 5,000kW を開発するとしています。

　また、隣国での水力開発に力を入れており、ラオスのメコン川流域で 5 ヵ所、総設備容量 254 万 kW の開発を進めています。

水力以外の再生可能エネルギー開発計画[2]

　2015 年にタイ政府が策定した Power Development Plan 2015-2036　では、再生可能エネルギーによる電力を、2014 年の 749 万 kW から 2036 年には 1,963 万 4,000kW とし、2.6 倍とすることを目標としています。この中で太陽光発電は、4.6 倍の 600 万 kW としています。タイの中部および北東部は世界的に日射に恵まれていて、高温地域の太陽光発電試験のハブとしての役割を果たすことが期待されています。また、太陽光に次いでバイオマスは 550 万 kW、風力は 300 万 kW　といずれも大幅な増加を見込んでいます。

CDM の状況[1]

　国連 CDM 理事会に登録済みの CDM 件数は、2012 年 8 月末時点で 73 件です。内容としては、エネルギー産業部門や廃棄物処理部門に関する案件が多く、中でもバイオガスやバイオマス利用の案件が比較的多く登録されています。

参考文献　5.8 タイ
(1) 一般財団法人　海外電力調査会：海外諸国の電気事業　第 1 編　2014 年版（下巻）第 17 章 pp.77-104.
(2) 新エネルギー財団アジア・バイオマス協力推進オフィス HP トピックスアーカイブ：タイにおける太陽光発電投資活発化、2016.8.8

5．9 ラオス

国土の殆どがメコン河の流域

　ラオスはインドシナ半島のほぼ中心部に位置し、北部の山岳地域には盆地が点在し、中部はビエンチャン平野を除けば山岳地帯が多く、南部は比較的広い平野が広がっています。チベット高原を源流とするメコン河が国土の北端から南端まで流下しており、メコン河本流のみならず、合流

－ 124 －

する多くの支流を含む大きな流域面積と雨量に恵まれ、水力資源が非常に豊かな国になっています。

経済発展[1][2]

1981 年に初めて社会経済開発計画（第 1 次 5 ヶ年計画）が策定され、1986年に「新思考政策」を導入し、市場経済化を進めてきました。現在、2020年までに後発開発途上国脱却を目指し、改革・開放路線を堅持しながら、工業化・近代化を推し進めていますが、政府の財政状況は慢性的に赤字です。90 年代以降は西側諸国からの援助増大により経済が安定しており、2006 年以降は 7〜8%の経済成長を維持しています。

電力政策[1][3]

現在、第 8 次 5 ヶ年計画（2016-2020）として、下記項目に係る計画が進められています。

① 国内の安定かつ持続的な電力供給の拡大
② 地方電化促進による貧困削減
③ 電力輸出による外貨獲得

このような中で、近代化政策を進める重要な基盤インフラ整備、生活水準の向上や経済活動に資する一方、電力輸出から得られる外貨が国家財政の基盤強化という役割も担うべく、積極的に水力開発が進められています。

電力供給[1][3]

2015 年の総設備容量は 580 万 kW を超えていますが、設備容量の 88%はIPP による発電所で、76%を占める輸出用発電所 IPP（e）の発生電力の大半はタイに輸出されています。国内供給はラオス電力公社 EDL による供給に加えて、IPP 発電所からの国内供給分と隣国タイ、中国、ベトナムからの電力輸入により賄われています。電源構成の 67%を水力発電が占めています。2015 年 6 月から 2016 年 3 月にかけてラオス初の大規模石炭火力であるHongsa 発電所 1〜3 号機、合計 187 万 8,000kW が運開し、石炭火力が 32%を占めるに至りました。ラオス国内産出のリグナイト炭を使い、電気はタイへ輸出されています。一部はラオス国内供給しています。

− 125 −

第5章　途上国のエネルギー事情と再生可能エネルギー開発

一次エネルギー供給 [(2) (3) (4) (5)]

　2014 年の一次エネルギー供給に占めるバイオマスの割合が 59%、水力が 6%、残りの大部分が石油です。同国では、依然として煮炊きのエネルギー源として薪、木炭などバイオマス資源が使用されています。一方、電源別発電量はほぼ 100%が水力による発電量でしたが、その殆どは IPP の大規模水力であり、1 万 5,000kW 以下の小水力は僅かな割合になっていると共に、バイオマス、太陽光等の割合は非常に限定的です。なお、Hongsa 石炭火力発電所の運開により、総発電量に占める水力の割合は 50〜60%（国内供給分は約 80%）にシフトする模様で、一次エネルギーに占める再生可能エネルギーの割合が小さくなることが想定されます。

再生可能エネルギー政策 [(2) (3) (4) (5)]

　ラオスにおける再生可能エネルギーの電力への利用は、電力系統から遠く離れた地域での地方電化が主体です。グリッド延伸によって世帯電化率は約 80%になり、さらにグリッド延伸で 5%、オフグリッド電化で 5%を積み上げ 2020 年までに 90%を達成することが目標とされています。地方電化は世界銀行ほかの国際援助機関や国内民間会社の資金によって行われてきました。オフグリッド地域の主要な電源は太陽光であり、小規模な SHS が個別家屋に設置されると共に、小水力、バイオマス発電等から構成されるミニグリッドが村落単位の電化に適用されています。

　政府が 2011 年に立案した再生可能エネルギー開発戦略 REDS では、2025 年に大規模水力による電力輸出分を除く全エネルギー量の 30%を再生可能エネルギーが分担するとしています。30%の内訳は再生可能エネルギー発電が 9%、バイオ燃料が 13%、熱エネルギーが 8%です。なお、これらに薪・木炭は含みません。

小水力・マイクロ水力発電 [(2) (3) (4) (5)]

　1,000kW 以上 1 万 5,000kW 以下の小水力の既設設備出力合計は約 1 万 5,000kW です。1,000kW 未満の既設マイクロ水力は 2010 年時点で 43 発電所ですが、その内、約半分が故障等で運転を休止しており、22 発電所、合計 1,900kW だけが稼働している状況です。なお、マイクロ水力は全てオフグ

－126－

リッド地域での開発です。現在では NamMong マイクロ水力（70kW）は 2012 年に系統接続されています。Nam Ou マイクロ水力も 2015 年の運開時には中国から延伸された配電線に接続され、その後 EDL のラオス側からの配電線延伸によって系統接続の水力となっています。

太陽光発電[2][3][4][5]

太陽光の利用はもっぱら地方電化が目的で、未電化家屋に対する SHS 設置が世界銀行の支援を中心に実施されています。SHS による地方電化は 1998～2000 年に JICA が実施したバッテリーチャージングステーション（写真 5.9-1）及び SHS 設置に係る協力がその先駆けとなっています。また、Sunlabob Renewable Energy Co.は太陽光ランタンを使った村落ベースのレンタルサービスを実施し、地方電化の一翼を担っています。

写真 5.9-1 太陽光バッテリーチャージングステーション
出典：ＪＩＣＡ橋本専門家[2]

風力発電[2][3][4][5]

ラオスではベトナムとの国境をなす中央部山岳地域に風力ポテンシャルが確認されていますが、当該地域には連系すべき送電線ならびに電力消費地がありません。一方で、人口が多い平野部には利用可能な風力ポテンシャルが殆どないので、風力開発は一般には難しいと考えられています。風

第5章　途上国のエネルギー事情と再生可能エネルギー開発

力ポテンシャルは 4 万 kW 以上と想定されています。

バイオマス発電 [2][3][4][5]

　ラオスにおけるバイオマスの主な利用はエネルギー作物としてのジャトロファ、サトウキビ等と有機作物残渣が対象となっています。籾殻、バガス、木屑などは広い範囲に分布しており、耕地の土壌改良剤として農家に引き取られていることから、経済的な量での利用は困難と考えられています。一方、豚舎で飼育されている豚の糞尿を利用したバイオガスは有望なバイオマス利用となっています。バイオマス利用の発電ポテンシャルは 125 万 1,000kW と想定されており、その内バイオガス分は 31 万 3,000kW となっています。

ゴミ発電 [2][3][4][5]

　人口 73 万人の首都ビエンチャン市では一日当り 637t のゴミが発生しています。この内、最終処理場に行くのは 195t で、残りは家庭の庭に埋めたり、リサイクルされています。市の中心から 32km の地点に 100ha の埋立てを行っており、隣接して広大な予定地もあることから、ゴミ直接燃焼による発電計画の可能性は小さいです。一方、ゴミの有効利用についてはバイオガス、コンポストプラントによる肥料生産がありますが何れも小規模な利用に留まっています。都市ゴミのみではメタンガスの発生量は少なく、ゴミと養豚場のし尿と乳製品の残渣を混ぜる必要があります。一般に、し尿からのメタンガス発生量は多いのですが、ビエンチャンのし尿は水分量が多いため、ゴミと混ぜても、バイオガスの発生量は多くを期待できません。ゴミ発電のポテンシャルは 21 万 6,000kW と想定されています。

参考文献　5.9 ラオス
(1) JICA 新村専門家「ラオス電力セクターの現状と課題」2016 年 3 月
(2) JICA 橋本専門家「ラオス電力セクターの現状と課題」2013 年 2 月
(3) JICA 橋本専門員「ラオス・カンボジアの電力政策における再生可能エネルギーの開発」土木学会講演会資料、2016 年 1 月 27 日
(4) JICA 報告書「ラオスエネルギーセクター情報収集・確認調査」2012 年 8 月
(5) 日本エネルギー経済研究所「再エネ動向調査」2015 年

５．１０ カンボジア

国土と雨季・乾季の様相[1]

　カンボジアはインドシナ半島の南部に位置し、南部を除く国土の周辺は高地で囲まれ、中央はメコン河やトンレサップ湖が造成した丘陵や低地が広がっています。ラオスから流れ込んだメコン河はカンボジアを北から南へ約500kmに亘り縦断し、ベトナムから南シナ海に注いでいます。北東部と南西部に山岳地帯があり、降雨量も多いことから多くの水力発電所が計画・建設されています。また、トンレサップ湖は5〜10月の雨季にメコン河との合流点水位が高い時に逆流し、湖周囲の低地一面が冠水して最大約10,000km^2（琵琶湖の14倍程度）に拡大し、11〜4月の乾季には流れが逆になり、湖面積も雨季の約20%程度に縮小します。

経済成長[1]

　フン・セン政権は2004年に四つの基本方針として「農業分野の開発」、「インフラ整備・開発」、「民間セクターの開発と雇用促進」、「能力・人材開発」を内容とする四辺形戦略を策定し、これに基づく国家戦略開発計画を経済・社会開発の基礎としてきました。その結果、安定した経済成長を実現しており、近年では8%前後の経済成長を維持しています。

一次エネルギー供給[3]

　2013年の一次エネルギー供給に占めるバイオマスの割合が67%で、水力が4%、残りの大部分が石油です。カンボジアでは、依然として煮炊きのエネルギー源として薪、木炭などバイオマス資源が使用されています。

電力政策[1] [2] [3]

　「カンボジア電力戦略 1999-2016」は現段階の電力開発の基本となっています。その戦略は以下の内容を含んでいます。

　　①適正な電気料金による安定した電力供給

　　　●電力開発（水力・火力）に対する民間投資導入

　　　●環境・社会と調和する電力開発

　　　●効率的な国内系統間電力融通

第5章　途上国のエネルギー事情と再生可能エネルギー開発

　②地方電化促進による貧困削減

　③エネルギーの効率的使用の促進と環境影響の最小化

電力需給 [2][3]

　電力需要は近年急速に増加しており、カンボジア電力公社 EDC の販売電力量の増加率は年率 18.4%（2008-2012 年）に達しています。国内供給は IPP による発電供給が約 60%で、これに加えて、ベトナム、タイ、ラオスからの電力輸入によって賄われています。EDC の発電供給は殆どなく、エネルギーセキュリティ面で問題となっています。総設備出力は 151 万 1,000kW で、水力が 62%、ディーゼルと石炭がそれぞれ、19%、17%の電源構成となっています。

再生可能エネルギー政策 [2][3]

　再生可能エネルギー政策は基本的に地方電化を主眼に進められています。2020 年までに農村の電化率を 100%にすると共に、2030 年までに 70%の世帯を系統接続する目標が設定されています。地方電化率は現行で 51%に留まっています。接続目標については既存配電線の延伸によることが想定されており、延伸が困難な地域は小水力、太陽光、バイオマスによる分散型電源で電化が行われる予定です。

小水力発電 [2][3]

　小水力ミニグリッドによる電力供給はごく一部の地域で行われているのみで、地方の多くの地域においては、ディーゼル発電を使った小規模電気事業者による非常に高額な電力供給が行われています。Mondulkiri 370kW、Rattanakiri 1,250kW の小水力発電所が JICA 無償援助によりそれぞれ 2009 年、2015 年に運開しています。Modulkiri 小水力発電所は 2 箇所の流込み式水力合計 370kW と、乾季の渇水時補完用ディーゼル発電 300kW からなるハイブリッド型の電力施設です。また、小水力と太陽光とのハイブリッド電源システムが NEDO 実証試験の一環で Kampong Cham 州に 2004 年に建設されています。このシステムは既存の灌漑用貯水池を利用した 20 kW 水車発電機 2 台と 88 kWp の太陽電池から構成されています。

－ 130 －

5．10　カンボジア

太陽光発電[(2) (3)]

　カンボジアは 1 年を通して比較的日射量が多い国です。アメリカ航空宇宙局が人工衛星を使って観測した地球上の太陽エネルギーのデータによるとカンボジアの 1 日あたりの平均日射量は 5.1 kWh/m^2 であり、東京の平均日射量 3.5 kWh/m^2 と比較してもかなり高いです。特に国土の南東側半分が高くなっています。

　太陽光発電導入実績は、2002 年までの間に遠隔通信システム、蓄電池、公共施設の照明、SHS などで合計 200 kW 以上となっていますが、近年では携帯電話中継器の電源としての太陽光発電等による導入が進み、民間企業によるメガソーラー計画もあるようですが、現況は正確に把握されていません。

バイオマス[(2) (3)]

　カンボジアはゴムなどの植林、農業生産物残渣、家畜の糞尿などバイオマス資源が非常に多く賦存しています。薪や木炭が家庭の調理用燃料として利用されているほか、バイオガス燃料が全国規模で展開されていて、家畜の糞尿からメタン発酵ガスを製造し、厨房の調理用燃料として消費されています。

　バイオマス発電については、2012 年時点で 6,500kW の発電設備容量が導入されています。多くは小規模な籾殻によるガス化発電です。このような事業は全国で数十件規模に拡大しており、今後もその数が増えていくと予想されます。NEDO は 2004 年に、バイオガスを利用した発電プロジェクトを Sihanoukville の近くで実施しました。このプロジェクトはバイオガスと太陽光のハイブリッドで、農村に 120 kW の電力を供給するもので、家畜の糞尿から発生するバイオガスが 2 台の 35 kW ガスエンジンを駆動させ発電しています。また、バッタンバン州では、バイオマス給電事業が組合方式によって運営されています。9kW の木材用ガス化発電装置はインド製で、燃料である樹木をプランテーションにて栽培することによりコンスタントに燃料提供が可能になっていること、樹木栽培に係る労働力として住民参加による新規雇用が発生していることが特徴です。

－ 131 －

第 5 章　途上国のエネルギー事情と再生可能エネルギー開発

バイオ燃料の取り組みも積極的に進められています。現在、ジャトロファによるバイオディーゼルのテスト栽培が進められています。また、バイオエタノールについては原料作物の砂糖キビ、キャッサバなどの栽培に対する外国資本が活発に活動しています。

風力発電[2] [3]

カンボジアには風況データがありませんが、世界銀行がアジアの風力エネルギーについて 1 km メッシュの空間解析を行った結果によると、カンボジアの風力エネルギー資源は近隣諸国と比べて小さいとされました。導入実績は海外の無償援助プロジェクトの一部として設置された 400 W の家庭用小型発電機などがあるのみです。

参考文献　5.10 カンボジア
(1) 海外電力調査会：平成 26 年度ラオス・カンボジア電力事情調査、2014 年 12 月
(2) 日本エネルギー経済研究所：再エネ動向調査、2015 年
(3) JICA 橋本専門員：ラオス・カンボジアの電力政策における再生可能エネルギーの開発、土木学会講演会資料、2016 年 1 月 27 日
(4) 海外電力調査会：海外諸国の電気事業　第 2 編　2015 年版　上巻　第 3 章　pp. 231-238.

5. 11 ミャンマー

国土と気候

ミャンマーの国土は、南北約 2,000km、東西 900km と南北に長く、中央を縦断する大河イラワジ川、シッタン川に沿って中央に広大な平原、その西側はなだらかな丘陵地、北側と東側は高地となっています。内陸部は雨量 1,000mm 以下の乾燥したサバナ気候、東部〜北部の山間部は冷涼で、雨量も 1,500〜4,000mm に及び温帯湿潤気候、ヤンゴンから南の海岸部は熱帯モンスーン気候に区分されます。モンスーンの影響を強く受け、季節は乾期（2 月下旬から 5 月中旬）、雨期（5 月下旬から 10 月中旬）及び涼期（10 月下旬から 2 月中旬）の 3 つに分かれます。また、沿岸部はたびたびサイクロンによる被害を受けます。[1]

エネルギー需給

2011 年におけるエネルギー生産量は、2002 年の約 1.4 倍に増加していま

－132－

す。これは主に天然ガスの生産量増加によるものです。2011年における生産量の内訳は、石炭1.8.%、原油3.9%、ガス44.9%、水力2.0%、非商業エネルギー47.4%であり、依然として非商業エネルギーが大半を占めています。石油製品は一部を輸入していますが、レギュラーガソリンを配給制として供給量をコントロールしています。天然ガスは大量にタイへ輸出しており、生産量の86%が輸出されています。

エネルギー政策

2011年に策定された現行のエネルギー政策では、重点項目として以下の6点が取り上げられています。[2]

　　①エネルギー自給率を維持する
　　②新エネルギーと再生可能エネルギーの導入を促進する
　　③エネルギー効率を向上させ、省エネルギーの促進を行う
　　④家庭における薪など、非商業エネルギーの利用を抑制する
　　⑤国民全体の利益の為に、石油・天然ガスの効果的な利用を行う
　　⑥エネルギー分野への民間企業の参入を促進する

電源構成

2014年の総発電設備容量437万7,000kWの構成は水力68%、ガス火力27%、石炭火力3%、ディーゼル2%です。ディーゼルのすべて、水力の一部はグリッド非接続です。

再生可能エネルギーの開発方針

風力、太陽光、地熱などのエネルギー源は豊富ですが、高額な初期投資費用などのために研究段階にとどまっており、これまで本格的な開発はされてきませんでした。エネルギー開発計画では2020年までに総電力の15～20%を再生可能エネルギーで賄うこととしています。こうした背景の中、タイやマレーシアの企業がミャンマーでの風力発電所やバイオマス発電所などの建設を計画しています。また、2012年1月にはNEDOとミャンマー政府は再生可能エネルギー等の包括的な協力にかかわる合意を結んでいます。[2]

第 5 章　途上国のエネルギー事情と再生可能エネルギー開発

水力発電

　ミャンマーは険しい山々が連なり、山地も多く、さらにイラワジ川やタンルウィン川、チンドウィン川、シッタウン川などの大河が北から南に貫流しており、それらの支流も多数あることから、国内の水力資源は膨大で、東南アジアの中では最大の規模を誇っています。経済的に開発可能な包蔵水力は 4,850 万 kW と見積もられており、このうち既に開発されているのは 300 万 kW、2030 年までに開発される見込みとなっているのは 940 万 kW です。

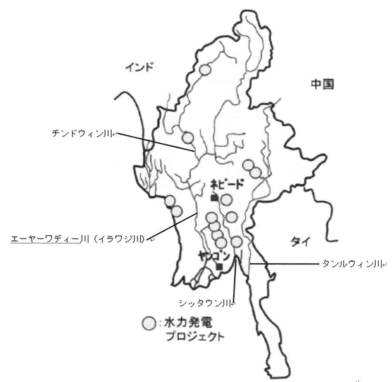

　図 5.11-1　関西電力が主に関った水力プロジェクト（2001～2008 年）
　　　出典：淺野誠、土木学会誌　2016 年 2 月号[3]に河川名を加筆

　近年、中国やタイからの経済協力や直接投資によって開発が本格化して

- 134 -

おり IPP 事業者が開発する見込みの地点は合計で 4,210 万 kW となっています。これは開発可能な包蔵水力のうちの未開発分 4,550 万 kW の 93%を占めます。なお、これらのプロジェクトにおいては、開発した電力の半分を開発した国、すなわち中国やタイに送ることが認められています。[2]　日本からは関西電力が図 5.11-1 に示した地点の水力プロジェクトに関っています[3]。

風力発電[4]

　1997 年に NEDO がミャンマーの風力発電のポテンシャル調査を行った結果、ベンガル湾とアンダマン海に沿った 2,832km の海岸線地帯が風力発電に適していると評価されています。2014 年にはミャンマー電力省と、タイの Gunkul Engineering Public 社、中国の China Three Gorges 社との間で大型風力発電プロジェクトに関する MOU（基本合意文書）が結ばれました。それを受けてベンガル湾沿いの GEP 社プロジェクト 11 地点とアンダマン海沿いの CTG 社プロジェクト 7 地点に対して事業性評価が開始されました。また、2015 年 6 月には、ミャンマーの電源開発事業者 Zeya & Associates と、デンマークの風力発電装置メーカー Vestas 社が、アンダマン海に面したモン州で 3 万 kW の風力発電所を建設することで合意しています。ミャンマーの電力増強計画に対し、世界銀行は 400 万ドルを供与する準備があるとしています。

太陽光発電[5] [6]

　ミャンマーは太陽エネルギーに恵まれた国であり、太陽光発電は有効な対応策になると考えられています。2014 年 4 月に家庭用太陽光発電 1kWh あたりの買取価格は 0.035 ドルから 0.05 ドルに、産業用は 0.075 ドルから 0.150 ドルに引き上げられました。これらの動きによって外資による再生可能エネルギーの導入が動き始めており、米国の ACO 投資グループはミャンマー政府と、ミャンマー中央に位置しているマンダレー管区に 15 万 kW の太陽光発電所を 2 か所建設する契約を結びました。この大規模太陽光発電所は 2016 年完成予定で、ミャンマーの総発電量の 10〜12%を占めると

第 5 章　途上国のエネルギー事情と再生可能エネルギー開発

予想されています。ミャンマーの電力は水力発電の比率が高いため乾季には電力供給量が減少する問題がありますが、太陽光発電の導入で電力供給量の季節変動が改善されることが期待されています。[5]

　また、ミャンマー中部（マグウェー管区）では、ミャンマー電力省と電力供給に関する覚書を締結したタイの再エネ発電事業者　Green Earth Power Co. によって、東南アジア最大となる Minbu 太陽光発電所（22 万 kW）の建設が 2016 年から開始されています。[6]

バイオマス発電[7] [8]

　ミャンマー最大の産業である農業は GDP の 3 分の 1 以上を占めており、特に生産量が多い米の残渣として、多くの籾殻が排出されています。籾殻はバイオマス資源として発電利用が可能であり、特に系統電力網のない無電化地域では自立電源として期待されています。一方、ミャンマーの籾殻ガス化発電機は十分にタール除去を行っておらず、発電機が頻繁に停止し稼働率が低く、籾殻の利用率も低いままです。[7]

　こうした状況を改善すべく、近年籾殻の直接燃焼ではなく、籾殻から固形燃料の製造技術、燃焼灰を肥料として活用する為の技術開発が開始されています。また、非食用植物（ジャトロファ）種子を原料とするバイオマス燃料（高品位ＢＤＦ）製造の研究開発等が実施されています。[8]

参考文献　5.11　ミャンマー
(1) JICA：世界の様子（国別生活情報）ミャンマー
(2) 海外電力調査会：海外諸国の電気事業　第 2 編　2015 年版（上巻）第 3 章　pp.331-341.
(3) 淺野誠：慢性的な電力不足解消に向けた水力プロジェクト―ミャンマー電力省のインハウスエンジニアとしての技術支援と技術移転―、土木学会誌、2016 年 2 月号、pp.22-23.
(4) 新エネルギー財団アジア・バイオマス協力推進オフィス HP トピックスアーカイブ：ミャンマーの風力発電の現状、2015.9.2
(5) 新エネルギー財団アジア・バイオマス協力推進オフィス HP トピックスアーカイブ：ミャンマーにおける太陽光発電、2014.10.2
(6) 海外電力調査会：2016 年度最新情報、ミャンマー・タイ・米国：大規模太陽光発電所、米企業が設計、施工
(7) NEDO：ミャンマーで籾殻ガス化発電の運用性向上事業を実施へ―タール削減と籾殻減容化を同時に実現―、ニュース、2013 年 1 月 8 日
(8) 新エネルギー財団アジア・バイオマス協力推進オフィス HP トピックスアーカイブ：エネルギー分野におけるミャンマーへの支援拡、2013.6.24

5．12　大洋州地域

地域の概要

　大洋州地域は、パラオ、ミクロネシア等歴史的に我が国と深いつながりがある国も多く、おおむね親日的であり、国際社会における我が国の重要なパートナーです。多くの国が小島嶼国ならではの開発困難性や脆弱性を抱えており、また、気候変動による海面上昇や自然災害による被害、水不足等、地球規模の環境問題から様々な影響を受けています。第7回太平洋・島サミットでは、JICAがエネルギー安全保障の改善と温室効果ガス排出削減に資する支援として「ハイブリッドアイランド・プログラム」を提唱しています。

　大洋州地域は図5.12-1のように広大な海域に広がり、多種多様で、必ずしも類似の集合としてまとめることが適切ではないケースもありますが、地理的・歴史的環境ならびに文化人類学的に、大きく以下の3地域に分類されています。

（出所：国際協力機構（JICA））
図 5.12-1　大洋州地域の国々

ミクロネシア地域

パラオ、ミクロネシア連邦、マーシャル、ナウル、キリバスが含まれます。ミクロネシア連邦は良質の土壌に恵まれた火山島を数島持ちますが、その他の国の群島は海抜が低い環礁で土壌は不毛、陸上の天然資源は皆無です。

メラネシア地域

パプアニューギニア（以下、PNG と表記）、ソロモン、バヌアツ、フィジーが含まれます。広大な火山島と環礁により構成され、PNG には最高峰のウィルヘルム山4,694mがあります。天然資源に富み、肥沃な土地、鉱物及び豊富な魚介資源があります。

ポリネシア地域

ツバル、サモア、トンガ、ニウエ、クックが含まれます。トンガ、サモアは火山構造の数島と肥沃な土壌を有する小さな群島から成り立っていますが、その他の国では土地が痩せ、陸上の天然資源は殆どありません。

発電設備

電力需給の概要としては大洋州地域の大国である PNG とフィジーを除き、ガスタービンや蒸気タービンを導入する規模に至らないことから、ほとんどの国でディーゼル発電（以下 DEG）がベース電源として運用されています。なお、電化率は環礁の小国（パラオ、ナウル他）でほぼ100%を達成しつつありますが、ソロモン、PNG 等一人当たり GDP が低く、また地形的にも配電線の延伸が困難な国では20%程度と低迷しています。

ベース供給力としては、定格出力で燃費効率が高い中速 DEG（回転数900rpm 以下）が採用されてきましたが、昨今は変動性の太陽光発電の普及に伴い、より負荷追従性に優れた高速DEG（回転数1200〜1800rpm）の導入が進められる傾向にあります。DEG の単機容量は電力需要の規模によって数百 kW〜5,000kW 程度のものが導入されていますが、ツバルなど小規模な

発電所（600kW×3台）では発電コストが約 90 円/kWh [注1] と高く、離島では更に首都からの燃料輸送コストが加わるため、約 150 円/kWh と報告されています[注2]。これに対して、大洋州地域の電気料金は政府補助金を投入して 30〜60 円/kWh に抑えられており、多くの国で料金収入のみによる原価回収が困難となっています。

また、DEG は適切な定期メンテナンス、特に運転開始後 16,000 時間等の期間を経て実施される大規模なオーバーホールが必要ですが、スペアパーツが調達できない、あるいは供給予備力が不足しているため発電機を停止した作業が実施できない等の理由によりオーバーホールが遅延し、期待される寿命（約 15〜20 年）に到達する前に故障、修理不能となり廃棄されるケースも多いです。メンテナンス作業計画の立案、必要なスペアパーツ調達、作業実施、次回作業に向けた改善提案まで PDCA サイクルとして行い、メーカーのサポート体制を必要最小限にできる、持続的なメンテナンス体制の確立を図る必要があり、JICA の「ハイブリッドアイランド・プログラム」においても、大洋州 5 ヶ国を対象とした支援を計画しています。

送配電設備

送配電設備の電圧階級は、132kV、66kV、33kV、22kV、13.8kV、11kV、6.6kV、4.16kV、4kV など、旧宗主国の影響を受け様々な電圧階級が導入されており、国によってはある程度統一していく動きが見られます。PNG、フィジーを除く大部分の国では、33kV 以下の中圧配電設備と低圧配電設備（400/240/120V）のみで供給しています。米国式の配電方式が主流となっているミクロネシア地域では、裸電線による架空配電線が基本形態ですが、キリバス、ツバルなど小規模な珊瑚島では、欧州式の地中配電方式が主体となっています。架空配電方式では、設備建設後の電線等増強工事が実施しやすく、また事故発生時の事故点探査・復旧が容易である点が長所です

[注1] 「Energy Sector Development Project（世銀）Project Information Document」より引用。

[注2] 「Pacific Lighthouses-Renewable energy opportunities and challenges in the Pacific Islands region」より引用。

が、近年大洋州地域ではサイクロンにより定期的に甚大な被害を受けること、また海岸地域では塩害により変圧器等の機器が急速に損傷している事例もあり、地域特性に応じた柔軟な設備形成が望まれます。

再生可能エネルギーの概要[1]

　大洋州地域では、電力供給の大部分を DEG に依存しており、エネルギー安全保障の確保、更には気候変動に対する緩和策として先進国に普及をアピールする観点から、再生可能エネルギー（以下再エネ）の導入によるエネルギー源の多様化を積極的に進めています。従来、一定規模の発電電力量を系統に供給しうる再エネ電源としては、PNG、フィジー、サモア、バヌアツの水力発電、フィジーのバイオマス発電、バヌアツの風力発電のみでしたが、昨今は世界市場の拡大に伴う機材コストの急速な下落により、ほぼ全ての国において太陽光発電の導入が積極的に進められています。

協調型自律分散制御による離島マイクログリッド[2]

　小規模電力系統において再エネの分散型電源を大量導入する場合、再エネ電源の利用率を最大限高めつつ、電力供給コストを低減する観点から、DEG を含む電源構成及び制御方法についての検討が必要となります。一般的に、大規模電力系統の場合には中央制御装置から各発電設備を直接的に制御する集中制御方式が採用されますが、大洋州の島嶼国でこの方式を導入すると、中央制御装置や個別発電設備でトラブルが発生した場合、これに起因して他の装置にもトラブルが波及し、更に修繕のための技術者、部品、工具、重機などが適切に整備されていないことから、問題が長期化する恐れもあります。このような背景から、中央制御装置からの自動制御指令に依存することなく、常時は再エネ電源の利用率最大を目的とした制御を実行しつつ、発電設備故障等の非常時には、各電源の出力制御や台数制御、蓄電池の個別制御等による「協調型自律分散制御」による運用形態が望ましいと考えられます。

　なお、離島マイクログリッドでは、変動性再エネ電源の導入拡大に伴い、周波数変動が厳しい制約条件となる傾向にあり、より高速な制御性能を達成するため電源連系線は発電所母線に直結される専用電力線路の採用が望

-140-

まれます。これにより、発電所側からのリアルタイム計測、1秒未満の制御周期での安定化装置からの充放電制御が可能となります。

太陽光発電[3]

大洋州地域では、主に離島の未電化地域における電化手法として、1990年代からソーラーホームシステム（SHS）が数多く導入されています。加えて、近年の太陽光発電システム（以下PVシステム）コストの下落により、発電コスト（系統安定化コストを含めず）が約10〜40円/kWh程度まで低下していることから、定期的なメンテナンス費用も含め70〜80円/kWh以上とされる離島のDEG発電コストを下回っており、既に多くの国ではいわゆる「ディーゼル・パリティ」を達成しています。

このため、大洋州各国では公共施設屋根や地上設置型のPVシステムが急速に導入されていますが、小規模な電力系統に過大な容量のPVシステムが系統連系され、系統運用に影響を及ぼす事例が発生しています。具体的には、PVシステムからの急激な出力変動により系統周波数が規定範囲を超過する事例、PV出力が最大となり需要が小さくなる週末昼間においてもDEGの最低負荷（定格出力の40〜50%）を維持しながら余剰電力を抑制しなければならない事例などがあります。

ツバルの太陽光発電事例[3]

国の政策として積極的にPVシステムの導入が進められているツバルの事例を紹介します。ツバルでは、政府の方針として、燃料の輸送コストが相対的に高い離島から優先的にPVシステムを導入しており、一部離島（Vaitupu, Niutao, Nanumaga, Nanumeaの4島）では蓄電池付きのDEG-PVハイブリッドシステムを大規模に導入、PVシステムの供給割合が90%まで増加し、燃料消費量を約8割削減することに成功しています。これらシステムは蓄電池の更新コストを含めた総供給費用は高価になりますが、離島の料金体系は首都フナフチと同じであり、政府補助により維持管理費用を賄っている状況です。

フナフチでは、週末の昼間時間帯における電力需要が500〜600kW程度ですが、系統連系されているPVシステムは既に756kWまで増加しているこ

第5章　途上国のエネルギー事情と再生可能エネルギー開発

とから、PV システムを出力抑制するための制御装置（Fuel Saver：（独）SMA
社製）が導入されました。同システムでは、全体のうち 370kW 相当の PV
システムについては出力を監視しながら必要に応じて抑制することが可能
ですが、残り 386kW 分については同制御装置に接続されておらず監視する
こともできない状況です[注3]。このため、世銀支援により計画されている PV
システム（925kW）ならびに蓄電池（1,000kWh）の導入と併せて、全ての
PV システムならびに DEG を統括制御するシステムの導入が検討されていま
す。

風力発電

　大洋州地域では、系統連系型の風力発電はフィジー、バヌアツに導入さ
れており、更に現在ミクロネシアのヤップで設置工事が進められています
が、太陽光発電に比べ導入実績は限られています。その原因として、風力
発電の発電電力量は風速の 3 乗に比例し、設置地点の風況に大きく依存す
るため、年間を通じた風況調査に時間・コストを要することが挙げられま
す[注4]。また、太陽光発電と比べ日常的なメンテナンスならびにトラブルシ
ューティングに高度な対応を必要とするため、メーカーからの技術的なサ
ポートや迅速な部品供給が可能であるか、運営維持管理を担当する技術者
の水準を見極めた上で、慎重に検討する必要があります。

　風力発電設備を建設する場合、タワーやナセル、ブレードの取付けのため
大型クレーンを必要としますが、大洋州地域では島内に大型クレーンがな
いのが一般的であり、建設時や補修時にコストが増大する恐れがあります。
このため、風力発電設備の規模としては、数千 kW 級風車よりも数百 kW 級
風車を複数台導入する方が望ましいと考えられ、フィジー、バヌアツ、ヤ
ップの事例でも定格出力 275kW の可倒式風車が導入されています。可倒式
風車はタワーを根本から傾倒する機能があり、これにより建設やメンテナ

[注3] DEG については出力監視のみで制御は手動。
[注4] 実際にフィジーでは設置されたものの風況が想定より低く、年間発電電力量が計画
　　　時点の半分程度に留まり、民間企業のパートナー（Pacific Hydro 社）が事業撤退す
　　　る事態となりました。

ンスを地上で行うことができ、またサイクロン襲来時には傾倒し、かつ地面に固定することで機材を保護することができます。タワーはトラス構造となっているため、ブレードを除くと全て 20t コンテナで輸送することができ、地理的条件が悪い場所でも建設が比較的容易です。

水力発電

　大洋州地域では、PNG、フィジー、バヌアツ、ミクロネシア、サモアに水力発電が導入されています。太陽光発電や風力発電と異なり、水力発電は気象条件による出力変動が少ない安定電源[注5]として導入されていますが、多くは流れ込み式であるため、近年は気候変動の影響を受け発電所の安定運用に支障をきたす状況も発生しています。例えば、フィジーでは渇水期に発電電力量が大幅に減少し、ディーゼル発電への依存度が上昇、燃料コスト削減が課題となっています。

バイオマス発電[(4)]

　大洋州地域におけるバイオマス利用としては、従来、薪炭をストーブにより燃焼させて調理が行われ、あるいは畜産廃棄物を藁等と混ぜ乾燥させて調理用燃料として活用されてきました。発電分野では、フィジーにおいて①サトウキビの残渣であるバガスのボイラー燃焼、②木質バイオマス（木材残渣）のボイラー燃焼による発電設備が導入されており、その他にもマーシャル及びバヌアツにて過去に③ディーゼル発電設備の燃料にココナッツ油のバイオ燃料混焼が実証事業として実施された経緯があります。近年は原油価格低下により、いずれも積極的に導入が進められている状況ではありませんが、将来の油価上昇局面においては、DEG より価格競争力の高い電源として開発が促進される可能性があります。特に上記①については、国営フィジー製糖公社によりサトウキビ耕地面積の拡大、品種改良など生産性向上に取り組んでおり、近年その成果が現れてきていることから、渇

[注5] 発電使用水量を渇水期の河川流量に合わせて設定すれば、安定電源になりますが、一般的には渇水期に発電力が落ちるので、ディーゼル等と組み合わせたハイブリッドにする必要があります。

第5章　途上国のエネルギー事情と再生可能エネルギー開発

水期に水力発電を補完する電源として開発が計画されています。

参考文献　5.12 大洋州地域
(1) Pacific Power Association (PPA), Benchmarking Report, 2016
(2) ㈱沖縄エネテック「大洋州地域電力セクターにおけるエネルギーセキュリティ向上支援策にかかる情報収集・確認調査」、JICA、14 頁、2015 年
http://open_jicareport.jica.go.jp/pdf/12246591.pdf
(3) International Renewable Energy Agency (IRENA), Renewable Power Generation Costs in 2014, 2015
http://www.irena.org/documentdownloads/publications/irena_re_power_costs_2014_report.pdf
(4) 東電設計㈱「フィジー国再生可能エネルギー活用による電力供給プロジェクト」、JICA、要約24 頁、2015 年

５．１３　アフリカにおける地熱開発

地熱開発の状況と課題

　アフリカ大地溝帯には 1,300 万 kW と豊富な資源が存在すると言われていますが、2012 年の開発状況はその 1.6%、21 万 2,000kW と遅れています。地熱開発は資源開発に失敗するリスクを含む上、幅広い分野の専門家（地質、地化学、物理探査、貯留層工学、掘削、プラント、経済分析等）と多額の資金を確保する必要があります。これはアフリカを含む途上国にとって困難であり、結果、多くの途上国が地表調査段階から民間に開発を委ねています。しかし、カントリーリスクを考慮せざるを得ない途上国で、地下のリスクを負おうとする企業は少なく、事実、開発の進む国では、政府が開発の全部あるいは一部を実施している、あるいは過去に実施していました。

　このような中、近年、ケニア、エチオピア、ジブチ、タンザニアのように、政府が地熱開発の一部を担い、リスクを軽減した上で、その後の開発を民間に任せる国が増えつつあります。政府の関与が大きくなる程、国が人材と資金を確保する必要が生じ、まさにアフリカはこの課題に直面しています。

　以下にケニア、エチオピア、ジブチにおける地熱開発の現状を紹介しま

－144－

す。ついては、これら3か国と以下の記述に出てくる近隣諸国の位置関係を図5.13-1に示します。

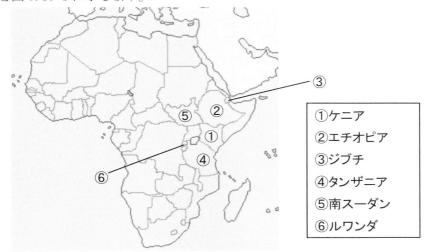

図5.13-1 アフリカの地熱地帯に位置する国々とその近隣諸国
出典：外務省HPに国名を加筆

ケニアのエネルギー政策と地熱開発の状況

　ケニアの2013/14年度のピーク電力需要は151万2,000kW、発電設備容量は2015年で約220万kWです。この内、37%（82万1,000kW）は水力発電が占めており、その他では火力33%（72万9,000kW）、地熱27%（59万8,000kW）、その他約3%（3,000kW）となっていますが、主力の水力は干ばつなどの天候の影響を受けやすい不安定な状況にあります。このような状況下、ケニア政府はポテンシャル700万kWと言われる豊富な地熱資源に着目し、国家開発計画（Vision2030）の中で、地熱エネルギーの発電量を2030年までに553万kWまで引き上げる計画を進めています。

ケニアの地熱開発に係る実施体制・能力

　かつて、ケニア電力公社Kengenが地表調査からプラント建設まで実施してきましたが、地熱開発を加速させるため、地表調査から生産/還元井掘削・蒸気供給を担う地熱開発公社GDCを2009年に設置しました（オルカリ

アとエブルは Kengen 管轄のまま）。GDC は地質、地化学、物理探査、貯留層工学、プラント、経済分析等に係るエンジニアに加え、7 基の掘削リグと掘削クルーを有し、世界でも類を見ない規模の開発を行っています。資金面では、例えばメネンガイの開発だけでも、世銀やアフリカ開発銀行、フランス援助庁が 400 億円以上を融資している。他方、技術面では、2000m 級の掘削に半年程度かかる等、実施能力に課題が多く、人材育成が大きな課題になっています。

ケニアに対する日本の協力

「地熱開発のための能力向上プロジェクト」（2013-2017）

　　専門家派遣や本邦研修を通じ、GDC の地熱資源開発各段階（地表調査、試掘、資源量評価、IPP 契約等）に関わる人材を育成し、地熱開発の成功率向上、開発の加速化を目指しています。

「GDC の地熱開発戦略更新支援プロジェクト」（2014-2017）

　　8 地点で地熱ポテンシャルを再評価し、GDC の地熱開発マスタープランの更新を支援しています。

「オルカリア地熱発電事業」

　　円借款により支援したオルカリア I 4・5 号機（14 万 kW）が 2015 年 2 月に運転を開始しました。また、2016 年 3 月に、オルカリア V 地熱発電所建設（14 万 kW）のための円借款契約の調印が行われました。この他、オルカリア I 6 号機（7 万 kW）建設に向けた準備も進められています。

エチオピアのエネルギー政策と地熱開発の状況

　2015 年の電力需要は 264 万 1,000kW で、設備容量が約 400 万 kW です。水力ポテンシャルが 4,500 万 kW、地熱ポテンシャルが 500 万 kW と言われ、再生可能エネルギー源に恵まれています。エチオピア政府は、2030 年までに水力を現状の 220 万 kW から 2,200 万 kW に、地熱を 7,000kW から 250 万 kW に増やす計画であり、東アフリカパワープール構想の電源として、ジブチ、南スーダン、ケニア、タンザニア、ルワンダへの電力供給（売電）を

-146-

5．13　アフリカにおける地熱開発

国家の重要課題としています。他方、地熱ポテンシャルに対する開発の割合は 1%未満と停滞しています。

エチオピアの地熱開発に係る実施体制・能力

　エチオピアは国による自主開発を基本としており、鉱山省傘下のエチオピア地質研究所（GSE）が地表調査と試掘・資源量評価、水・エネルギー省傘下のエチオピア電力公社（EEP）が生産/還元井掘削とプラント建設・運用を実施しています。他方、一部にはコルベッティ（100 万 kW）のように、民間が開発を進めている地点もあります。

　GSE の中では地熱資源探査・評価部が地熱探査を所掌しており、27 名のエンジニアが在籍しています。この内、地質、地化学、物理探査はほぼ独力で調査を遂行できるレベルにありますが、貯留層分析・予測の実践経験がなく、掘削ターゲットを適切に設定する能力は低いです。また、自前の掘削クルー（上記 27 名とは別枠）を抱えていますが、浅井戸の経験しかありません。EEP の職員は約 1,100 名いますが、地熱関係は 1 名程度と少ないです。JICA や世銀からの提言も踏まえ、地熱開発のための新機関の設置が検討されています。

エチオピアに対する日本の協力

「全国地熱発電開発マスタープラン策定プロジェクト」（2013-2015）

「地熱開発のための情報収集・確認調査」（2015-2016）

　　15 地点で地質、地化学調査による地熱ポテンシャル評価を行い、地熱開発マスタープランを作成の上、有望 2 地点（テンダホ 2 及びボセッティ）で物理探査を実施し、試掘のためのターゲット選定を行っています。試掘支援やプラント F/S、円借款によるプラント建設を検討します。

「アルトランガノ地熱発電事業」

　　アルトランガノでは無償資金協力により 2 本の生産井掘削に成功しました。現在、この生産井を活用する坑口地熱発電設備設置のための準備調査を進めています。また、3 万 5,000kW 程度のプラント建設に向

－147－

けた準備調査も同時並行で進めています。

ジブチのエネルギー政策と地熱開発の状況

2014年の電力需要は9万4,000kW、2020年には15万kWに増加すると想定されています。ジブチ政府は当面、エチオピアからの安価な電力（6〜7円/kWh）を輸入することで、需要量の75%を確保しつつ（2012年の実績では約90%の依存）、国家のエネルギー安全保障の観点から、地熱や風力等の国産の再生可能エネルギーの開発を国家の主要課題として取り組んでいます。なお、現在の国産エネルギーはディーゼル発電のみであり、電気料金は0.28〜0.42ドル/kWhとエチオピアに比べ高いです。

地熱ポテンシャルは20万〜80万kWと言われており、1970年代から地熱資源調査が進められていますが、塩分濃度が極めて高いという地熱性状も影響して未だに開発に成功していません。

ジブチの地熱開発に係る実施体制・能力

2014年にジブチ地熱開発公社（ODDEG）が設置され、同公社が地表調査から試掘・資源量評価、民間が生産井掘削とプラント建設・運営を行うことを基本としています。ODDEGのスタッフ数は11名と黎明段階にあり、将来80名まで増員する計画です。地質、地化学は一定のレベルにありますが、物理探査の能力は低く、貯留層分析・予測と掘削に至っては実践経験がありません。

ジブチに対する日本の協力

「地熱開発にかかる情報収集・確認調査」（2014-2016）

9地点で地質・地化学調査により地熱ポテンシャルを評価し、塩分濃度が低い可能性のある地点（ハンレ）を発見しました。これから同地点で物理探査を実施し、掘削ターゲット選定を行う予定であり、資金が確保できれば試掘とプラントF/Sへの支援を検討します。なお、ジブチでは円借款の可能性は低く、生産/還元井の掘削以降は民間投資の呼び込みが不可欠です。今後、投資環境整備を支援している米国と連携しつつ、開発に結実させます。

以上、アフリカにおける地熱開発の現状を概説しましたが、2010年にまとめられた詳細な調査報告書を参考文献(2)として、また、アフリカにおける電力インフラについて解説した記事を参考文献(3)として挙げておきます。

参考文献　5.13 アフリカにおける地熱開発
(1)　火力原子力発電技術協会　「地熱発電の現状と動向」(2012)
(2)　JICA、西日本技術開発(株)；アフリカ地熱開発に係る現状確認調査報告書、2010年10月
(3)　国際協力銀行；アフリカの成長と電力インフラ、広報誌 JBIC Today、may 2016

５．１４　世界銀行などの環境社会配慮政策

世界銀行のセーフガード政策[1]

　世界銀行は持続可能な貧困削減の支援を進めるに当たって、開発の過程における人々や環境への不当な害を防止・軽減する環境・社会面のセーフガード政策をとっています。この政策は世銀融資が検討されているプロジェクトについて、環境面からの健全性・持続可能性を確保すると共に、より良い意思決定プロセスに結びつけるため、環境アセスメント（EA）の提出を求めています[2]。

　EA の手続では、プロジェクトの性質、規模、潜在的な環境影響に応じて分析の範囲・詳細さの程度・種類が決定されます。具体的にはスクリーニングによってプロジェクト案を次のような4つのカテゴリに分類します。

カテゴリ A

　環境に対して、重大、複雑、または前例のない負の影響が想定されるプロジェクト。借入人が環境インパクトアセスメント報告書作成の責任を負います。

カテゴリ B

　人間あるいは環境の観点から重要な区域（湿地、森林、草地、その他の自然生息地など）に対する負の環境影響がカテゴリ A より小さいプロジェクト。EA における情報及び検討結果は、プロジェクト文書（プロジェクト審査文書およびプロジェクト情報文書）に記載されます。

－149－

第5章　途上国のエネルギー事情と再生可能エネルギー開発

カテゴリ C

環境に与える負の影響が最小限であるか、存在しないと考えられるプロジェクト。スクリーニング以降、EA 手続の実施は必要ありません。

カテゴリ FI

環境に対して負の影響を及ぼす可能性のあるサブプロジェクトが含まれ、金融仲介者を通じて世銀融資が行われるプロジェクト。当該サブプロジェクトのスクリーニングを行い、エンドユーザーは適切に EA を実施するよう求められます。サブプロジェクトの承認に先立ち、金融仲介者は、サブプロジェクトがしかるべき国家／地方当局の環境要件を満たしており、世銀環境政策にも合致していることを確認しなければなりません。

EA では、プロジェクトの影響範囲における潜在的な環境面のリスクと影響を評価した上で、プロジェクトの代替案を検討すると共に、負の影響の防止、最小化、緩和のための対策実施、もしくは補償ならびに正の影響の強化によってプロジェクトの選択・立地・計画・設計・実施を改善する方法を明示します。また、EA にはプロジェクト実施期間を通じて環境に与える負の影響を緩和・管理するプロセスも含まれます。もちろん、実行可能である限り、緩和策や補償策よりも予防策が望ましいとしています。

EA で検討されるのは、自然環境（大気、水、土地）、人間の健康と安全、社会的側面（非自発的移転、先住民族、有形文化資源）、国境を越える地球規模の環境問題です。自然生息地、森林、病害虫管理、ダムの安全性、非自発的住民移転、先住民族、有形文化資源については業務マニュアルが運用されており、それらの概略は以下のとおりです。

自然生息地

- 自然生息地の保全、生態系機能の維持、悪化した自然生息地の回復を支援する。
- 重要な自然生息地の著しい転換や劣化を伴うプロジェクトは支援しない。
- 世銀融資プロジェクトは可能な限りすでに転換されている土地で行う。

－150－

・立地の代替案がない場合はプロジェクトの便益が環境コストを上回らない限り支援しない。
・自然生息地の著しい転換や劣化をもたらす場合は生息地損失の最小化、生態学的に類似した保護区域の構築と維持などの緩和策をとること。
・地元 NGO や地域コミュニティなどのグループの見解、役割、権利を考慮し、そうした人々が当該プロジェクトの計画、設計、実施、モニタリング、評価に関与するようにすること。

森林

・森林を持続可能な経済開発に統合し、これを貧困の削減に活用する。
・生物多様性および生態系機能を維持もしくは強化する森林回復活動を支援する。
・重要な森林区域もしくはそれに関係する重要な自然生息地の重大な転換や劣化を伴うプロジェクトには融資しない。
・植林への融資は樹木で覆われていない用地や既に転換されている土地を優先する。
・植林によって外来種が持ち込まれたり生物多様性が脅かされたりしないようにする。
・産業規模の商業的収穫プロジェクトが融資を受けるためには森林認証制度の認証を受けなければならない。
・森林認証制度では関連法の準拠、先住民や労働者の権利の尊重、生物多様性の保全、効果的な森林管理計画などがチェックされる。
・森林認証制度の基準の構築には、地元住民、先住民族、消費者・生産者・保護団体などからの有意義な参加がなければならない。

病害虫管理

・農業もしくは公衆衛生に影響する病害虫の管理については、生物学的もしくは環境的な手法による病害虫駆除方法の使用を促進し、合成化学殺虫剤への依存度を下げる戦略を支援する。
・農業病害虫管理では、生物学的駆除による病害虫数の管理、病害虫に対する抵抗力や耐性のある作物品種の開発などを進め、殺虫剤を使用し

第5章　途上国のエネルギー事情と再生可能エネルギー開発

なければならない場合は有用生物、人体、環境への負の影響が最小化するように殺虫剤を選択する。

・公衆衛生での病害虫管理では、主として環境的方法を通じた病害虫駆除を支援する。環境的方法のみでは有効でない場合は、病原媒介動物を駆除する殺虫剤の使用に対して融資をすることがある。

・世銀融資プロジェクトにおける殺虫剤の調達は、提案されている用途や対象となる使用者を考慮に入れた関連リスクの性質や程度の評価を条件とする。殺虫剤およびその具体的な配合の分類に関しては世界保健機関の「殺虫剤の有害度による分類案ならびに分類のためのガイドライン」（ジュネーブ：WHO 1994-95）を参照する。

ダムの安全性

・ダムが正常に機能しなかったり機能を果たさなくなった場合には重大な結果をもたらすため、世銀が融資する新規のダムまたは世銀融資プロジェクトが直接的に依存する既存のダム、ならびに集水域、貯水池周辺、下流域の安全性を確保する。

・新規のダム建設では経験ある有能な専門家が設計、施工監理すること。借入人はダムとその関連工事の設計、入札、建設、運転、保守、においてもダムの安全性を確保すること。

・大規模ダムについては、ダムの調査、設計、建設、運用開始について専門家委員会を設けて検討すること、施工監理・品質保証計画、計装計画、維持管理計画、緊急時対応計画を策定すること、調達、入札において入札者の事前資格審査を行うこと、ならびに完成後にダムの定期安全点検を行うこと。

・既存のダムや建設中のダムによって調整される貯水池から取水する発電所、上水道システム、それらのダムの下流に位置して上流のダムの障害によって危険にさらされる、あるいは機能が果たせなくなる取水ダム、水力施設、灌漑プロジェクトなどについては、ダム専門家に安全面と維持管理手順の評価、ならびに安全対策の提言を求める。

非自発的住民移転

－152－

・世銀の経験によれば、開発プロジェクトに伴う非自発的住民移転で緩和策が講じられなかった場合、重大な経済的、社会的、環境的リスクをもたらすケースが多くなっている。たとえば、生産システムが解体される、生産資源や収入源が失われる、資源を巡る競争が厳しくなる、コミュニティの制度や相互扶助のネットワークが脆弱化するなど。本政策は、こうした貧困化のリスクを緩和し、あるいは予防する。

・非自発的住民移転は、可能な限り回避し、さもなければ実行可能なあらゆる代替的なプロジェクト設計を検討することにより最小化する。

・移転の回避が不可能である場合、移転活動を持続可能な開発プログラムとして考え、実行し、移転住民がプロジェクトによる恩恵を享受できるように十分な投資資源を充てる。移転住民との有意義な協議を行い、移転住民が移転プログラムの立案や実施に参加できる機会を提供する。

・移転住民は、生計および生活水準を改善、あるいは少なくとも移転前の水準もしくはプロジェクト開始前の水準のうちいずれか高い方の水準まで実質的に回復させるための取り組みに対し支援を受けるべきである。

・この政策の対象は家屋の移転や損失、資産の喪失や資産へのアクセスの喪失、収入源や生計手段の喪失によって住民が止むを得ず別の土地を取得する場合と、指定公園や保護区域への強制的な立ち入り制限によって住民の生計に負の影響がある場合である。

・住民への影響に対処するため、移転に関する自己選択肢と権利についての情報提供、移転代替案についての協議、資産損失に対する補償、移動手段等の提供、農地の提供、余裕のある移行期間、開発援助の提供、整地・信用供与・訓練・雇用機会などを含む移転計画を策定すること。

・指定公園や保護区域への非自発的な立ち入り制限を伴う場合は、影響緩和策の検討への住民参加、補償受給資格要件の決定、移転住民の生計改善・回復支援、潜在的な紛争の解決をはかること。

・この政策の運用にあたっては、社会的弱者、先住民族、少数民族、特に伝統的な生産方式を持つ先住民族に注意を払い、苦情処理メカニズム

第5章　途上国のエネルギー事情と再生可能エネルギー開発

を構築しなければならない。

先住民族

- 世銀は開発プロセスが先住民族の尊厳、人権、経済、文化を十分に尊重することで、貧困削減と持続可能な開発に寄与する。

- 先住民族は彼らが住む土地や天然資源と密接に結び付いた独特のアイデンティティと文化を持っているために、開発プロジェクトによって他とは異なる種類のリスクや異なる水準の影響にさらされる。また、自分たちの権益や権利を守る力が弱く、開発プロジェクトの恩恵を受ける可能性も限られている。

- プロジェクトの準備段階から先住民族コミュニティに十分な情報を提供し、自由な協議によって彼らの見解を十分に把握する。

- プロジェクト形成の早い段階で社会学者によるスクリーニングと社会アセスメントを実施し、先住民族に対するプロジェクトの潜在的な負の影響が重大な場合はプロジェクトの代替案を検討する。

- 先住民族コミュニティの中でも女性、若者、子供の関心事ならびに開発機会や便益の享受に注意を払う。

- 先住民族が文化的に適切な社会的・経済的便益を享受し、プロジェクトの負の影響を回避・最小化・緩和・代償される先住民族計画を策定し、適切な形式、方法、言語で公開する。

- 先住民族と密接に結びついている土地、天然資源、文化資源、彼らの薬理学的知識や芸術的知識などの商業的開発を伴うプロジェクトでは、先住民族に対して利益が公正に分配されるようにする。

- 加盟国から要請があった場合は、先住民族の慣習的土地保有の法的認定、貧困削減戦略の設計、ジェンダーや世代間の問題の解決、社会的組織・制度・宗教的信仰などの明文化、知的財産権の強化などを支援する。

有形文化資源

- 考古学的、古生物学的、歴史的、建築学的、宗教的、審美的、その他の文化的に重要な物、用地、建造物、建造物群、ならびに自然の造作および景観など有形文化資源は、貴重な科学的・歴史的情報の提供源とし

-154-

て、経済・社会開発のための資産として、また人々の文化的アイデンティティや文化的慣習のよりどころとして開発プロジェクトによる負の影響を回避もしくは緩和する。
- プロジェクトによる有形文化資源への影響は、EA プロセスのスクリーニング、実施要領の作成、基礎データの収集、影響評価、緩和策と管理計画の策定という手順で取り組む。
- 実施要領の作成では、関連専門家、ならびに当該有形文化資源の関係者・グループと協議する。
- 管理計画には予期せぬ発見の場合の対応も規定する。
- 有形文化資源の調査結果は EA 報告書として公開するが、盗掘等の危険がある場合は一部非公開とすることも検討する。
- 緊急プロジェクトの場合、正当な根拠があれば EA の適用除外とすることがある。

なお、国際環境条約・協定のうち借入国のプロジェクト実施に適用される義務も検討対象となり、こうした義務に反する事項が EA で明確になった場合、当該プロジェクトに対する融資は行われません。

このセーフガード政策は下記のような方針で改訂に向けた見直し作業[3]が進められており、2015 年 8 月から 2016 年前半にかけてドラフト第 2 版に対する第 3 次パブリックコンサルテーションが行われました。これを受けてドラフト第 3 版を作成し、最終承認へ進むことになっています。
- 現行のセーフガード政策の基本原則を踏まえ、環境・社会リスクの対象範囲を拡大
- 新たな開発需要や課題に対処し、借入国の様々なニーズに対応
- モニタリングおよび実施面での支援と借入国の責任とのバランス
- 世銀プロジェクトにおける持続可能な環境・社会面の成果を強化

アジア開発銀行のセーフガード政策[4]

アジア開発銀行（ADB）は 2010 年 1 月 20 日に新たなセーフガード政策を開始しました。これは、ADB の業務が環境および現地住民に与える悪影響を

－155－

第5章　途上国のエネルギー事情と再生可能エネルギー開発

回避、最小化、軽減または補償するための保護要件を借入国またはクライアントに確実に遵守してもらうという ADB の取り組みを再確認し、強化したものです。この新政策に基づき、ADB は各国のセーフガード制度を審査し、借入国またはクライアントによる環境・社会リスク管理のアプローチや国レベルの能力を強化し、実施中の監督業務を拡充しています。ADB では既に、環境、先住民族および非自発的移転に関する政策を開発途上加盟国（DMCs）で実施される ADB 支援の全プロジェクトに適用しています。　新政策は、環境にやさしく総ての人々に恩恵が行き渡る持続的成長を促進するという ADB の使命において中核をなすものであり、既存の政策を統合・拡充しています。新政策は、ADB のセーフガードを他の国際開発金融機関のセーフガードと調和させ、開発途上加盟国や民間セクター・クライアントのニーズの変化に適確に応えられるようにしています。新政策には、生物多様性の保全、地域社会の衛生と安全性、および文化的資源に関する規定が新たに設けられました。借入国側の能力開発と、政策の実施・監督面を重視している点も主な特徴となっています。下記の Web ページに詳細が説明されています。

https://www.adb.org/site/safeguards/main

　また、筒井・冨岡・瓦崎[5]が ADB 融資のラオス国ナムニアップ１水力発電プロジェクトにおける自然・社会環境対策について報告しています。

国際協力機構（JICA）の環境社会配慮ガイドライン[6]

　我が国の ODA の実施機関として技術協力、有償資金協力、無償資金協力を一元的に担う JICA は、各援助手法の特性を踏まえた環境社会配慮ガイドラインを 2010 年 4 月に発表しました。その基本方針は以下のとおりです。

- ・幅広い影響を配慮の対象とする
- ・早期段階からモニタリング段階まで、環境社会配慮を実施する
- ・協力事業の実施において説明責任を果たす
- ・ステークホルダーの参加を求める
- ・情報公開を行う
- ・JICA の実施体制を強化する

5．14　世界銀行などの環境社会配慮政策

・迅速性に配慮する

　また、緊急時の措置として、自然災害の復旧や紛争後の復旧支援などで、緊急性が高くガイドラインに従った環境社会配慮の手続きを実施する時間がないことが明らかな場合の対応も定めています。

　環境社会配慮には以下の項目が含まれ、個別プロジェクトの検討においてはスコーピングにより必要なものに絞り込みます。

・大気、水、土壌、廃棄物、事故、水利用、気候変動、生態系及び生物相等を通じた、人間の健康と安全及び自然環境（越境または地球規模の環境影響を含む）

・非自発的住民移転等人口移動、雇用や生計手段等の地域経済、土地利用や地域資源利用、社会関係資本や地域の意思決定機関等社会組織、既存の社会インフラや社会サービス、貧困層や先住民族など社会的に脆弱なグループ、被害と便益の分配や開発プロセスにおける公平性、ジェンダー、子どもの権利、文化遺産、地域における利害の対立、HIV/AIDS 等の感染症、労働環境（労働安全を含む）

　2015 年 4 月には、このガイドラインの運用実態を確認し、関係者の意見を聞き、運用面で実際に生じている不都合を解消するためガイドライン運用面を見直した結果を公表しています[7]。

アジア・インフラ投資銀行（AIIB）の環境社会フレームワーク[8]

　2015 年 12 月に発足した AIIB は 2016 年 2 月、環境社会フレームワークを発表しました。それは環境社会フレームワーク全体を説明した環境社会ポリシー(ESP)、その中で特に詳細な説明を加えた環境社会スタンダード(ESS)、ならびに融資を行わない対象を明らかにした環境社会除外リストで構成されています。ESP ではスクリーニングとカテゴリ判定、環境社会アセスメント、環境社会マネジメント、情報公開、モニタリング、異議申し立てなど基本的な事項について定めています。ESS では環境社会アセスメントとマネジメント、非自発的移住、ならびに先住民についての詳細が説明されています。

　環境社会除外リストでは以下のものが挙げられています。

－ 157 －

第 5 章　途上国のエネルギー事情と再生可能エネルギー開発

（i）　強制労働や児童労働に係るもの

（ii）　以下ものの生産や取引

・ＰＣＢ類

・ロッテルダム条約、ストックホルム条約で指定された有害物質

・モントリオール議定書で指定されたオゾン層を破壊する物質

（iii）　ワシントン条約で指定された絶滅のおそれのある野生動植物の取引等

（iv）　バーゼル条約で指定された廃棄物の越境移動

（v）　兵器、武器・弾薬の生産や取引

（vi）　アルコール類（ビールとワインを除く）の生産や取引

（vii）　タバコの生産や取引

（viii）　ギャンブル、カジノ等

（ix）　アスベストの生産、取引、使用

（x）　国内法、ならびにボン条約、ラムサール条約、世界遺産条約、生物多
　　　様性条約などで禁止されている活動

（xi）　熱帯雨林や原始林における商業目的の伐採や伐採機材の買取

（xii）　持続可能な管理がされている森林以外での木材の生産や取引

（xiii）　大規模な遠洋のトロール漁など多くの希少種や海の生物多様性を
　　　損なう漁業

（xiv）　IMO 要件を守らないタンカーで石油や危険物質を輸送すること

　　ただし、ESP と ESS を実現するために必要となる手続きの詳細、ならび
に環境社会フレームワークのガイダンスツールと情報ツールは開発中とな
っています。

　　また、ADB 総裁のインタビュー記事[9]によれば、「アジアのインフラ需要
は年 8 千億ドル（約 84 兆円）と言われるほど大きい。多くの国が、途上国
支援の世界に新たな機関(AIIB)が加わることを賛成したのです。」、「ADB と
AIIB が協力することで、プロジェクトの発掘から進め方、特に環境社会配
慮などを含めて、適切なファイナンスがアジアの中で行われることを確保
できます。」、パキスタンの高速道路への協調融資が行われたことについて

－158－

は「ADB は 3,000 人を超える職員がいて、28 の国に現地事務所がある。一方、AIIB は職員 70 人ほど、各国に事務所がなく、本部には各国の常駐理事もいません。今回の協調融資は ADB が主導し、コストをかけたので、AIIB からは手数料をもらいました。」とのことで、環境社会フレームワークの実施体制整備はこれからというところです。

参考文献　5.14 世界銀行などの環境社会配慮政策
(1) 世界銀行東京事務所ＨＰ：セーフガード政策、2012 年 2 月 9 日
(2) 世界銀行東京事務所ＨＰ：世界銀行業務マニュアル（仮訳）OP4.01：環境アセスメント、1999 年 1 月
(3) 世界銀行東京事務所ＨＰ：持続可能な開発の基準策定；世界銀行のセーフガード政策の見直しと改訂、2016 年 2 月 2 日
(4) アジア開発銀行・駐日代表事務所：投資家プレゼンテーション、2016 年 8 月
(5) 筒井勝治・冨岡健一・瓦崎雅樹：ラオス国ナムニアップ 1 水力発電プロジェクトにおける自然・社会環境対策、電力土木、No.392、pp.13-18、2017 年 11 月
(6) JICA：国際協力機構環境社会配慮ガイドライン、2010 年 4 月
(7) JICA；国際協力機構環境社会配慮ガイドライン運用面の見直し結果報告、2015 年 4 月
(8) AIIB：Environmental and Social Framework、2016 年 2 月
(9) ADB 中尾武彦総裁のインタビュー記事、朝日新聞、2016 年 11 月 1 日朝刊

第6章 再生可能エネルギーの普及に向けた提言

　気候変動問題への対応は人類の危機を回避するために最も重要な課題であり、すべての国が協力して温室効果ガスの削減に取り組まなければなりません。我が国はエネルギーミックスと整合的な目標として 2030 年度に 2013 年度比 26％の削減を COP21 において世界に約束しました。これによって、2030 年度の一次エネルギー供給に占める再生可能エネルギーの割合を 13〜14％とした長期エネルギー需給見通しは、達成に向けて努力しなければならない目標となりました。そのためには、例えば太陽光発電の設備容量を現在の 2,100 万 kW から 2030 年には 6,400 万 kW というように再生可能エネルギーを大幅に拡大しなければなりません。[1]

　そこで、土木技術者がインハウスエンジニアとして長年培ってきた技術力を再生可能エネルギーの普及に活かすよう、以下のとおり提言します。

(1) 再生可能エネルギー開発を国土強靭化基本計画等に組み込んで
計画的に推進する

　我が国の喫緊かつ最大の課題は国土強靭化です。兵庫県南部地震、東日本大震災、熊本地震などを経験し、南海トラフ巨大地震、首都直下地震等の発生が想定されるなかで、国土強靭化、すなわち、人命の保護、国家・社会の重要な機能の維持、被害の最小化、迅速な復興を目標とした防災基本計画と国土形成計画の連携、いわゆるアンブレラ計画の推進が急務となっています。太陽光発電だけでも 6,400 万 kW となれば敷地面積約 10 万 ha（1,042 例に基づく相関式[2]から推定）というような再生可能エネルギーの大幅な拡大は、FIT 等で支援しつつ、国土強靭化基本計画、国土強靭化地域計画に組み込んで計画的に進めるべきと考えます。それによって、再生可能エネルギーで発電した電気を受け入れる送配電系統を計画的に整備することができます。

　例えば国土強靭化基本計画で挙げられている施策分野ごとの推進方針[3]

－ 160 －

に対して以下のように再生可能エネルギーの開発を組み込むことが考えられます。

住宅・学校等の耐震化　←　屋根・屋上に太陽光発電を導入する
エネルギー供給設備の災害対応力、地域間の相互融通力の強化
　←　再生可能エネルギーで電源の多様化をはかる・系統連系を強化する
情報通信システムの長期電力供給停止等に対する対策
　　　　　←　自律分散型電源によるバックアップ体制を構築する
農林水産業に係る生産基盤等のハード対策
　　　　←　バイオマスエネルギー、地熱、海洋エネルギーを活用する
防災施設の整備等のハード対策
　　　　　　←　防災拠点へ再生可能エネルギーを導入する
など、他にも様々な可能性が考えられます。

(2) 土木技術者の総合工学的なスキルを活かす

　いわゆる「エネルギー土木」はエネルギー関連施設を設計・施工する技術は勿論、施設を立地するための土木計画学、地質、水文、気象、海象に関する知識、さらに環境調査・アセスメントや環境保全技術などを集積したボーダレスな総合工学です。エネルギー土木技術者には、土木工学に関する知識は元より、設備形成にあたりコスト、品質、工期、地域共生、環境、安全等を総合的にバランスさせるエンジニアリング力、技術以外の業務課題に対応するプロジェクト遂行力が求められており、より複雑化、高度化、専門化した要素技術を効率的に取り込み、最適に統合、実践する技術が熟成されています。

　このようなエネルギー土木で培われたノウハウは再生可能エネルギーの設備形成にも十分に適用可能です。再生可能エネルギー関連設備には、従来の設備と比較して土木工学的な要素が占める割合が小さいものもあります。しかし、エネルギー土木技術者が自ら、従来のボーダーを越え、上述のようなプロジェクト遂行力に加えて機械や電気の領域の専門的な知識を

第6章　再生可能エネルギーの普及に向けた提言

取り込んで、再生可能エネルギー関連設備形成のイニシアティブを執って総合的な管理を行えば、再生可能エネルギーの普及に大きく貢献しうるものと考えます。

(3) 自然を相手にしてきた土木工学を活かして
新たな再生可能エネルギーの実用化に向けた技術開発を推進する

　第4章で述べたように、風車基礎など土木設備の設計に当たっては、我国特有の風況や地質等の地点特殊性を適切に考慮するとともに、過去の台風等による被災事例を十分踏まえ、適度な安全裕度をもつ設備とするための技術が開発されました。

　また、今後開発が期待される洋上風力は、遠浅海岸が少ない我国沿岸への適用上の困難もあり、従来の港湾・海洋土木技術を基礎とした土木分野における設計・建設技術の高度化が大いに期待されるところです。現在、こうした問題に対処するため、土木技術者が機器メーカーと共同で研究開発を実施するなど、建設会社を含む多くの企業・研究機関において関連技術の研究開発が進められ、このなかから技術的なブレークスルーが期待されています。

　第2章において紹介したとおり、研究開発の途上にある波力、海洋温度差、高温岩体等の再生可能エネルギーについても、上記のような取り組みに倣って、自然を相手にしてきたエネルギー土木技術者が技術開発をリードし、我国に適した再生可能エネルギー利用技術の実用化を目指す必要があります。

(4) JCMを活用して海外展開をはかる・日本の経験を人材育成に活かす

　エネルギー土木技術者は、海外技術協力・投資等で海外におけるエネルギー関連プロジェクトの発掘から、調査・計画、設計・施工、運転・管理とプロジェクト全体に携わり、技術力とノウハウを蓄積してきました。こ

の技術力・ノウハウを最大限に活用して、JCM プロジェクトを通じて、海外において再生可能エネルギーの普及を図り、温室効果ガス削減に寄与しつつ、途上国の発展に貢献していくことが期待されます。

同時に、途上国の若い人材の育成を支援することが期待されています。日本の技術とノウハウは勿論のこと、日本で電化率が数％から 90％になるのに 20 年、そこから高度成長が始まるのに 20 年かかった成長の歴史、震災、戦災から復興を遂げた歴史を学ぶことで、途上国の発展を担う人材のモチベーションを高めることができます。さらに、公害、災害、事故など日本の経験を共有することでそれらを回避して、いわゆる蛙飛びの成長・発展を支援することができます。

参考文献　第 6 章 再生可能エネルギーの普及に向けた提言
(1) 資源エネルギー庁：長期エネルギー需給見通し関連資料、平成 27 年 7 月
(2) 環境省：太陽光発電事業の環境保全対策に関する自治体の取組事例集、平成 28 年 4 月
(3) 閣議決定：国土強靱化基本計画の概要、平成 26 年 6 月 3 日

土木学会の本

低炭素社会に挑む土木

土木・環境工学技術者必携の書

　地球温暖化は人類最大の問題といって良いが、その対策の中で土木・環境工学分野の技術が大きな役割を担っていることが周知されているとは言い難い。温暖化対策としては、極端気象発生が増す中でいかに減災・防災を進めるかという適応策と、温暖化自体の進行を弱める緩和策があるが、本書は特に緩和策への貢献についてまとめている。土木・環境工学技術者は、その貢献内容と重要性を知ることで、技術者としての誇りを高め、温暖化対策への貢献をさらに強めていくことを期待している。本書はこのように、土木・環境工学分野で活躍する技術者へ応援エールを送り、分野外の人々にわれわれの貢献を正当に評価して頂き、そして学生ら若い世代に当該分野の技術者として活躍することの魅力を伝えることを意図している。これら意図の実現のため、本書が多くの方々に活用されることを期待する。

■ 編集：地球環境委員会　気候変動の影響と緩和・適応方策小委員会　緩和策ワーキンググループ
■ 2016年8月発行、A5判、176ページ、並製本
■ 定価：2,916円（本体2,700円＋税）→ **会員特価：2,630円**※注
■ 送料：450円
ISBN 978-4-8106-0920-2

エネルギーと気象工学
―災害に強い電力設備と安定供給を目指して―

　エネルギー産業は、従前からエネルギー設備の気象災害、太陽光、風力や小水力発電等の再生可能エネルギーの導入等、気象現象と深く関わってきました。近年では、気候変動に伴う極端気象現象により数多くの設備被災が報告され、「再生可能エネルギー固定価格買い取り制度（Feed-in Tariff ; FIT）」により自然エネルギーが注目される等、エネルギー産業と気象の関わりは、国や地方自治体の政策面でも重要なテーマとなっています。
　そういった中で、気象業務への民間活力導入、公的な気象データの一般公開、情報通信・衛星リモートセンシング技術の急速な進展など気象技術を取り巻く環境は大きく変貌しつつあります。エネルギー産業に関わる事業者は、高密度・高精度で即時性を有した気象データを設備の防災や自然エネルギー利用等、事業活動のあらゆる局面において活用することができるようになりました。
　本書は、このような「気象工学」が直面する課題を踏まえ、エネルギー施設の計画、運営についての理解を深めるべく、政府関係者、地方自治体、エネルギー関連事業者、建設会社、コンサルタント等に従事する方のために出版したものです。

■ 編集：エネルギー委員会　環境技術小委員会　エネルギーと気象工学分科会
■ 2015年6月発行、A4判、286ページ、並製本
■ 定価：6,264円（本体5,800円＋税）→ **会員特価：5,640円**※注
■ 送料：470円
ISBN 978-4-8106-0803-3

注文・問合先

土木学会 出版事業課 書籍販売係
TEL 03-3355-3445／FAX 03-5379-2769
■Web注文　http://www.jsce.or.jp/publication/
■FAX注文　学会誌綴込み「図書注文書」をご使用ください

丸善出版（株）
TEL 03-3512-3256／FAX 03-3512-3270
※注）丸善出版への注文には会員特価は適用されません

オンライン土木博物館
ドボ博
DOBOHAKU
www.dobohaku.com

オンライン土木博物館「ドボ博」は、ウェブ上につくられた全く新しいタイプの博物館です。

ドボ博では、「いつものまちが博物館になる」をキャッチフレーズに、地球全体を土木の博物館に見立て、独自の映像作品、貴重な図版資料、現地に誘う地図を巧みに融合して、土木の新たな見方を提供しています。

展示内容の更新や「学芸員」のブログ、関連イベントなどの最新情報をドボ博フェイスブックでも紹介しています。

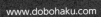 www.dobohaku.com   www.facebook.com/dobohaku

写真:「東京インフラ065 羽田空港」より　撮影:大村拓也

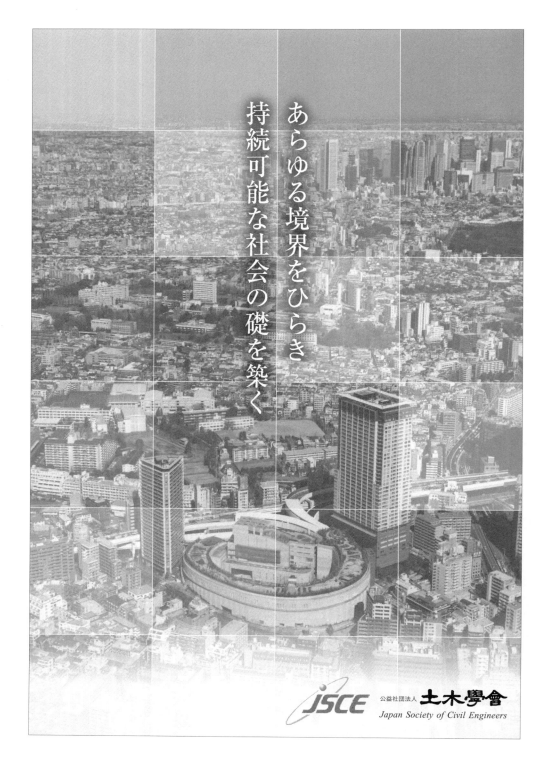

定価（本体 1,200 円＋税）

再生可能エネルギー開発　～最新事情と海外展開～

平成 30 年 2 月 9 日　第 1 版・第 1 刷発行

編集者……公益社団法人　土木学会　エネルギー委員会
　　　　　環境技術小委員会
　　　　　委員長　清水　隆夫
発行者……公益社団法人　土木学会　専務理事　塚田　幸広

発行所……公益社団法人　土木学会
　　　　　〒160-0004　東京都新宿区四谷 1 丁目（外濠公園内）
　　　　　TEL　03-3355-3444　FAX　03-5379-2769
　　　　　http://www.jsce.or.jp/
発売所……丸善出版株式会社
　　　　　〒101-0051　東京都千代田区神田神保町 2-17
　　　　　TEL　03-3512-3256　FAX　03-3512-3270

©JSCE2018／The Committee of Civil Engineering for Energy Equipment
ISBN978-4-8106-0938-7
印刷・製本・用紙：シンソー印刷（株）

・本書の内容を複写または転載する場合には、必ず土木学会の許可を得てください。
・本書の内容に関するご質問は、E-mail（pub@jsce.or.jp）にてご連絡ください。